Peggy Werner

Inkrementelle Wartung materialisierter Sichten

GRIN Verlag

Bibliografische Information der Deutschen Nationalbibliothek:

Die Deutsche Bibliothek verzeichnet diese Publikation in der Deutschen Nationalbibliografie; detaillierte bibliografische Daten sind im Internet über http://dnb.d-nb.de/ abrufbar.

Impressum:

Druck und Bindung: Books on Demand GmbH, Norderstedt Germany
ISBN: 978-3-656-17563-6

Dieses Buch bei GRIN:

http://www.grin.com/de/e-book/192518/inkrementelle-wartung-materialisierter-sichten

Bachelorarbeit

Inkrementelle Wartung materialisierter Sichten

Peggy Werner

Datenbanken und Informationssysteme
Institut für Informatik
Humboldt Universität zu Berlin

Spätester Abgabetermin: 28.12.2008

Kurzzusammenfassung

Um die Anfrageausführung in Datenbanksystemen zu optimieren, können materialisierte Sichten eingesetzt werden. Dabei müssen Veränderungen ihrer Basisrelationen jedoch auf die Sichten übertragen werden, um ihre Zustände konsistent zu halten. Die vorliegende Arbeit fokussiert das Sichtwartungsproblem und betrachtet dessen orthogonale Aspekte, welche die Art und Weise und den Zeitpunkt der Wartung betreffen, sowie die Vor- und Nachteile ihrer Anwendung. Die inkrementelle, verzögerte Wartungsstrategie steht dabei im Mittelpunkt der Darstellung. Bereits vor der Anwendung eines Wartungsalgorithmus' können die für eine Sicht irrelevanten Veränderungen ihrer Basisrelationen von der Wartung ausgeschlossen werden. Je nach Sichtdefinition existieren anschließend unterschiedliche Verfahren, welche miteinander kombiniert, die inkrementelle Wartung materialisierter SPJ und SPOJ Sichten erlauben. Ein verzögerter Wartungszeitpunkt ermöglicht zudem die Entkopplung des Wartungsprozesses von der verändernden Transaktion, sodass diese nicht die Wartungskosten tragen muss. Mit dem in dieser Arbeit vorgestellten Algorithmen und Verfahren können irrelevante und redundante Veränderungen vor der stattfindenden Sichtwartung entfernt werden, weshalb eine inkrementelle, verzögerte Wartungsstrategie eine effiziente Aktualisierung materialisierter Sichten erlaubt.

Inhaltsverzeichnis

1 Einleitung

1.1 Themengrundlage

Zu Beginn der 80er Jahre löste das relationale Datenbankmodell die bisher vorherrschenden hierarchischen und netzwerkartigen Datenorganisationsmodelle auf dem Markt ab. So wurde beispielsweise die IT von Konzernen oder mittelständigen Unternehmen zur Verwaltung von Kundendaten auf Datenbanksysteme umgestellt. Mit zunehmender Größe der zu verwaltenden Datenmengen und deren dezentralen Speicherung wurden zentrale Datenlager geschaffen, welche heute als Data-Warehouses bekannt sind. In ihnen werden aktuelle und historische Datenbestände heterogener Quellsysteme integriert, analysiert und ausgewertet. Damit speichern Data-Warehouses nicht nur Daten für Unternehmen, sondern helfen auch bei der betriebswirtschaftlichen Entscheidungsfindung, indem beispielsweise Kunden-, Markt- oder Trendanalysen durchgeführt werden können [Le02]. Nicht nur mit zunehmenden Datenmengen und der Nutzung verteilter Systeme, sondern auch mit ansteigender Komplexität der an ein Verwaltungssystem gestellten Anfragen, wurden neue Techniken nötig, um die Anfrageausführung schneller und effizienter zu gestalten. Die Verwendung von materialisierten Sichten in Datenbanksystemen trägt zu dieser Anfrageoptimierung bei.

1.2 Problemstellung

Bei der Verwendung von materialisierten Sichten anstelle von nicht materialisierten Sichten, wie in Kapitel 2.1 definiert, kommen verschiedene Fragestellungen auf, welche in die folgenden drei Kernfelder kategorisiert werden können.

Fragestellungen, wie die Wartung materialisierter Sichten effizient gestaltet werden kann, werden unter dem Begriff der Sichtwartung (englisch: *view maintenance*) zusammengefasst. Wenn sich Daten in den Basistabellen ändern, z. B. durch das Einfügen neuer Tupel oder durch das Aktualisieren von Attributen, so müssen möglicherweise auch die auf ihnen definierten materialisierte Sichten verändert werden, was eine Wartung erzwingt. Das heißt, die Veränderungen auf den Basisrelationen müssen auf die Sichten übertragen werden, um diese korrekt und konsistent und damit nutzbar zu halten [RG02]. Zu den Problemstellungen hierbei zählen, auf welche Art und Weise die Wartung materialisierter Sichten geschehen kann, d.h. welches Verfahren benutzt werden soll, und zu welchem Zeitpunkt die Aktualisierung stattfinden kann.

Eine weiteres Problem ist die Sichtauswahl (englisch: *view selection*). Dabei sei eine Menge N von nicht materialisierten Sichten gegeben. Welche M Sichten ($M \subseteq N$) aus N sollten materialisiert werden, um eine optimale Balance zwischen Anfrage- und Aktualisierungskosten zu gewährleisten? Zur Verdeutlichung betrachte man ein Datenbanksystem, in welchem alle Sichten materialisiert sind. In diesem Fall wäre zwar die Anfragezeit optimiert, die Kosten für die Wartung der Sichten jedoch sehr hoch. Würden im Gegenteil alle Sichten virtuell gehalten, so stiegen die Kosten der Anfrageausführung durch die Berechnungskosten stark an. Die Problematik besteht hierbei also in der Kernfrage, einen Algorithmus zu finden, welcher eine Menge von Sichten zur Materialisierung auswählt, um damit die Summe der Anfrage- und Aktualisierungskosten zu minimieren [ZYY01].

Eine weitere Problemstellung der Sichtwartung ist die Sichtdefinition[1] (englisch: *view definition*). Sie beinhaltet die Frage, welche Sichten materialisiert werden sollten [RG02] und wie sie zu definieren sind, damit die Ausführung einer Menge von Anfragen an ein Datenbanksystem effizient ist, d.h. die Antwortzeit gering, aber die Sichtwartungskosten niedrig sind.

1.3 Ziel und Ausrichtung der Arbeit

Unter den drei, oben genannten Problemstellungen im Zusammenhang mit der Verwendung von materialisierten Sichten in Datenbanksystemen fokussiert diese Arbeit das Sichtwartungsproblem. Das Ziel der vorliegenden Arbeit ist die Darstellung der orthogonalen Aspekte Wartungsverfahren und Wartungszeitpunkt materialisierter Sichten, um eine Klassifizierung und Einordnung verschiedener Ansätze in der Problemstellung der Sichtwartung vorzunehmen. Welche Verfahren zur Wartung materialisierter Sichten existieren? Wann kann die Aktualisierung von Sichten stattfinden? Worin bestehen jeweils die Vor- und Nachteile der verschiedenen Ansätze?

Der Fokus der Arbeit liegt anschließend auf der ausführlichen Darstellung, sowie Verbindung und Bewertung inkrementeller Wartungsverfahren mit der verzögerten Aktualisierungsstrategie. Welche Algorithmen und Ansätze zur inkrementellen Wartung von materialisierten Sichten existieren? Inwieweit unterscheiden sich die Verfahren je nach gegebener Sichtdefinition? Wie können sie miteinander verknüpft werden, um die Wartung kombinierter Sichtdefinitionen zu ermöglichen? Wie können materialisierte Sichten aktualisiert werden, ohne dass Updates auf Basistabellen die Aktualisierungskosten tragen müssen?

Aspektübergreifend soll am Ende der vorliegenden Arbeit die Frage beantwortet werden, welche verschiedenen Verfahren und Zeitpunkte miteinander kombiniert werden können, um die Wartung materialisierter Sichten effizient zu gestalten.

Auf die Sichtwartung in Data-Warehouses wird in der vorliegenden Arbeit nicht eingegangen, da sie sich aufgrund der Dezentralisierung und Quellenentkopplung der Daten von den in dieser Arbeit beschriebenen, traditionellen Wartungsalgorithmen unterscheiden. Der interessierte Leser sei hierfür auf [Zh+95] oder [ZGW97] verwiesen.

1.4 Struktur der Arbeit

Eine grundlegende Definition materialisierter Sichten und die Darstellung wesentlicher Vor- und Nachteile ihrer Anwendung, fasst Kapitel 2 zusammen. In Kapitel 3 werden mögliche Wartungsverfahren (vollständig oder inkrementell) und Wartungszeitpunkte (sofort, transaktionsbasiert oder verzögert) klassifiziert. Aufbauend auf dieser Einteilung der Sichtwartungsaspekte stellt Kapitel 4 verschiedene Algorithmen und Verfahren zur inkrementellen Wartung einfacher materialisierter Sichtdefinitionen vor, welche zum Ende hin miteinander kombiniert werden, sodass eine effiziente Wartung von zusammengesetzten Sichtausdrücken möglich ist. Kapitel 5 demonstriert die Anwendung eines verzögerten Sichtwartungszeitpunktes zur weiteren Leistungsverbesserung. In Kapitel 6 werden die einzelnen Wartungsaspekte miteinander kombiniert und deren Performance und Anwendbarkeit betrachtet. Kapitel 7 fasst die Inhalte der beleuchteten Aspekte und deren Ergebnisse zusammen.

---

[1] Abweichend von der hier genannten Problemstellung der Sichtdefinition, bezeichnet das Wort *Sichtdefinition* im Folgenden immer den Sichtausdruck, d.h. die einer materialisierten Sicht zugrunde liegende Anfrage, welche sie definiert.

1.5 Nomenklatur und Annahmen

Zur Vorstellung verschiedener Wartungsverfahren werden Sichtausdrücke mit relationaler Algebra definiert. R und S seien beliebige Relationen (dazu zählen auch materialisierte Sichten selbst). In der gesamten Arbeit wird angenommen, dass weder in Relationen, noch in anderen, berechneten Tupelmengen Duplikate verwaltet werden.

π_Y (R)	Projektion aller Attribute Y von R
σ_P (R)	Selektion aller Tupel aus R, welche die Selektionsbedingung P erfüllen
$R \times S$	Kartesisches Produkt
$R \bowtie_J S$	Join mit Verbundbedingung J
$R \ltimes_J S$	Semi Join
$R \overline{\ltimes}_J S$	Anti-Semi Join
$R \bowtie_J^{lo} S$	Left Outer Join
$R \bowtie_J^{ro} S$	Right Outer Join
$R \bowtie_J^{fo} S$	Full Outer Join
$R \cup S$	Vereinigung
$R \setminus S$	Differenz

Dabei können Ausdrücke der Form $\pi_Y(\sigma_P(R_1 \bowtie_{J1} R_2 \bowtie_{J2} \ldots \bowtie_{Jn-1} R_n))$ mit Verbundbedingungen Ji (i = 1, …, n-1) unter Verwendung des kartesischen Produktes zu $\pi_Y(\sigma_{P \cup J1 \cup \ldots \cup Jn-1}(R_1 \times R_2 \times \ldots \times R_n))$ umgeformt werden. Die vorliegende Arbeit beschränkt die Verbundbedingung J auf Gleichheitsausdrücke. Ist die Verbundbedingung mit J(X) definiert, so ist eine Gleichheitsbedingung auf Attributen der Menge X symbolisiert.

Weitere, in dieser Arbeit verwendete Operatoren und Symbole sind:

α(R)	Menge der Attribute der Relation bzw. einer Menge von Tupeln R
α(P)	Menge der Attribute, welche in der Bedingung P benutzt werden
#(M)	Anzahl der Elemente einer Menge M
$\{d_R\}$	Tupel, das auf all seinen Attributen den NULL Wert annimmt, also $d_R = \{NULL_1, \ldots, NULL_m\}$ wobei m = #(α(R))
n(R)	Prädikat, welches zu TRUE ausgewertet wird, wenn ein Tupel auf allen Attributen α(R) den NULL Wert annimmt [LZ07]
nn(R)	Prädikat, welches zu TRUE ausgewertet wird, wenn ein Tupel auf allen Attributen α(R) nicht NULL ist [LZ07][2]
$\triangle R$	Auf R eingefügte Menge von p Tupeln $\{\triangle r_1, \triangle r_2, \ldots, \triangle r_p\}$
$\triangledown R$	Von R entfernte Menge von q Tupeln $\{\triangledown r_1, \triangledown r_2, \ldots, \triangledown r_q\}$
$\square R$	Gesamtmenge der auf R stattgefundenen Veränderungen $\triangle R \cup \triangledown R$
R^A	Alter Zustand von R vor einer Veränderung
R^N	Neuer Zustand von R nach einer Veränderung

Ein Tupel r_1 heißt Freund von r_2 ($r_1, r_2 \in R$), wenn unter der Gleichheitsbedingung J gilt, dass $\{r_1\} \bowtie_J \{r_2\} \neq \emptyset$ [GK98]. Alle Tupel $r \in R$, die keinen Freund in R haben, heißen loyale Tupel und werden mit r^{loy} symbolisiert.

[2] Für eine Menge M = $\{R_1, \ldots, R_n\}$ gelten $n(M) = n(R_1) \wedge \ldots \wedge n(R_n)$ und $nn(M) = nn(R_1) \wedge \ldots \wedge nn(R_n)$.

Ein Tupel r_1 subsumiert ein Tupel r_2 in R, wenn r_1 mit r_2 in allen Attributen, auf denen r_2 nicht NULL ist, übereinstimmt aber r_1 insgesamt weniger NULL Werte auf den Attributen $\alpha(R)$ annimmt als r_2 [Ga94].

Es werden Veränderungsoperationen auf einer Relation R durch Einfüge-, Lösch- und Modifizierungsanweisungen, ausgedrückt mit den Anweisungen INSERT(R, $\triangle R$), DELETE(R, $\triangledown R$) und entsprechend MODIFY(R, P, F), betrachtet. Dabei sei P eine Bedingung, welche alle auf R zu verändernden Tupel selektiert und F die auf sie angewandte Modifikationsfunktion.

Alle Tupel einer beliebigen Relation R und den zugehörigen Tabellen $\triangle R$, $\triangledown R$ und $\square R$ seien jeweils um eine ACTION Spalte ergänzt, in welcher die durchzuführende Aktualisierung vermerkt ist. Dabei steht INSERT für ein einzufügendes, DELETE für ein zu löschendes und OLD für ein unverändertes, altes Tupel. Für alle p auf R_i eingefügten Tupel $\triangle r_{i,j}$ $(1 \leq j \leq p)$ gilt $\triangle r_{i,j}$.ACTION = INSERT und entsprechend $\triangledown r_{i,j}$.ACTION = DELETE $(1 \leq j \leq q)$ für alle q von R_i gelöschten Tupel $\triangledown r_{i,j}$. Eine MODIFY-Veränderung kann durch eine Lösch-Einfüge-Abfolge und deshalb in $\square R_i$ mit zwei korrespondierenden Tupeln dargestellt werden. Der Datensatz mit dem alten, zu modifizierenden Wert wird gelöscht und ein Tupel mit dem neuen, modifizierten Wert eingefügt.

In allgemeiner Mengendarstellung $\square R = \{\square r_1^I, \ldots, \square r_p^I, \square r_{p+1}^D, \ldots, \square r_{p+q}^D\}$ sind alle auf R eingefügten Tupel $\square r_j$ $(j = 1, \ldots, p)$ mit $\square r_j$.ACTION = INSERT mit „I" und alle q von R gelöschten Tupel $\square r_j$ $(j = p+1, \ldots, p+q)$ mit $\square r_j$.ACTION = DELETE mit „D" gekennzeichnet. Alle Tupel $\square r_j \in \square R$ mit $\square r_j$.ACTION = INSERT sind Tupel $\triangle r_j \in \triangle R$. Entsprechend sind Tupel $\square r_j \in \square R$ mit $\square r_j$.ACTION = DELETE Tupel $\triangledown r_j \in \triangledown R$. Dies gilt für Basisrelationen als auch für materialisierte Sichten R.

Auf Grundlage der Tupelmarkierung durch das ACTION Attribut und der oben definierten Ausdrücke können noch folgende Operatoren für eine beliebige Relation R definiert werden.

$R \diamond \square R$	Anwendung der Veränderungen $\square R$ auf R, d.h. Tupel $\square r \in \square R$ mit $\square r$.ACTION = INSERT auf R einfügen, Tupel $\square r$ mit $\square r$.ACTION = DELETE von R löschen
$R \oplus S$	Minimale Vereinigung, mit $R \oplus S = (R \uplus S)\downarrow$ wie in [Ga94] definiert, wobei $R \uplus S$ die Tupel $r \in R$ und $s \in S$ auf die Attribute $\alpha(R) \cup \alpha(S)$ mit NULL Werten erweitert (falls nicht bereits Werte vorhanden sind) und die Ergebnisse vereinigt. Anschließend werden mit dem Operator „$\downarrow$" alle subsumierten Tupel aus $R \uplus S$ entfernt.[3]

Materialisierte Sichten sind in dieser Arbeit jeweils auf n Basisrelationen $R_1, \ldots, R_n$ definiert. Alle Veränderungen $\triangle R_i$ und $\triangledown R_i$ einer Basisrelation R_i seit der letzten Wartung einer auf ihr definierten Sicht V sind in der entsprechenden Veränderungstabelle $\square R_i = \{\square r_{i,1}, \square r_{i,2}, \ldots, \square r_{i,p+q}\}$ gespeichert. Es gilt $\triangle R_i, \triangledown R_i \subseteq \square R_i$. Da Veränderungen $\square R_i$ immer sofort auf R_i übertragen werden, gelten zusätzlich $\triangle R_i \cap \triangledown R_i = \emptyset$ ($\triangle R_i$ und $\triangledown R_i$ disjunkt) und $\triangle R_i \cup \triangledown R_i = \square R_i$. Damit lässt sich $R_i^N = R_i^A \diamond \square R_i$ definieren.[4]

[3] Für eine ausführlichere Beschreibung sei auf [Ga94] verwiesen.

[4] Aus Gründen der Lesbarkeit wird im Zusammenhang mit der Berechnung von $\square V$, auf Grundlage von Veränderungen $\square R_i$ und dem alten Zustand R_i^A, im Folgenden nur R_i anstelle von R_i^A geschrieben. Bezeichnet R_i in Gleichungen etwas anderes als den Zustand R_i^A, so ist dies explizit erwähnt.

Zu jedem Tupel $\square r_{i,j} \in \square R_i$ ($j = 1, \ldots, p + q$) wird in der zusätzlichen Spalte TN die Transaktionsnummer der verändernden Transaktion und mit der Operationsnummer ON die das jeweilige Tupel erzeugende Operation innerhalb der Transaktion notiert.[5]

1.6 Definition der verwendeten Beispielsicht

Mehrere der in dieser Arbeit vorgestellten Algorithmen zur inkrementellen Wartung materialisierter Sichten sollen anhand der Beispielsicht V1 verdeutlicht werden, welche auf den Basisrelationen R = {A,B} und S = {C,D,E} definiert ist. Die Inhalte dieser Relationen und die daraus resultierende Sicht sind in Abbildung 1 dargestellt. Werden nicht alle hier festgelegten Bedingungen von V1 zur späteren Veranschaulichung spezieller Verfahren benötigt, so werden neue Sichtdefinitionen Vi (i = 2, 3, 4, 5) erzeugt, welche V1 ähneln aber weiterhin auf R und S, wie hier definiert, basieren.

$$V1 = \pi_{A,B,D}(\sigma_{(B<E)\wedge(D\leq B)\wedge(A<5)}(R \bowtie_{(A=C)} S)) = \pi_{A,B,D}(\sigma_{(B<E)\wedge(D\leq B)\wedge(A<5)\wedge(A=C)}(R \times S))$$

R	
A	B
1	4
2	3
3	8
5	3

S		
C	D	E
1	3	5
2	3	6
2	2	4
3	8	9
8	2	6

V1		
A	B	D
1	4	3
2	3	3
2	3	2
3	8	8

Abb. 1: Basisrelationen R und S und darauf materialisierte Sicht V1

[5] Für die Definition einer Transaktion und ihrer Veränderungsoperationen sei auf Kapitel 5.2.2 verwiesen.

2 Grundlagen - materialisierte Sichten

2.1 Unterschiede zwischen nicht materialisierten und materialisierten Sichten

Nicht materialisierte Sichten sind virtuelle Tabellen, d.h. die Ergebnismenge bei Auswertung ihrer Sichtdefinition auf gespeicherten Basisrelationen wird nicht physisch als Tabelle abgespeichert, sondern bei jeder Verwendung, zum Beispiel bei einer Anfrage an die Sicht, neu berechnet [GM95]. Somit kann eine nicht materialisierte Sicht auch als Name für eine Anfragedefinition bezeichnet werden, unter welchem man diese aufrufen und benutzen kann.

Im Gegensatz dazu sind materialisierte Sichten[6] Relationen mit einer Extension. Die Ergebnismenge ihrer Sichtdefinition bei Auswertung auf einem konkreten Datenbankzustand wird als eigenständige Tabelle abgespeichert [BLT86]. In [GM95] vergleichen die Autoren materialisierte Sichten mit einem Cache, also Kopien von Anfrageergebnissen, auf welche schnell zugegriffen werden kann. Materialisierte Sichten tragen auch den von IBM geprägten Namen *Automatic Summary Tables* (kurz: ASTs) [Le+01], wohingegen Sie bei Microsoft als *Indexed Views* bezeichnet werden [Ha05].

2.2 Anwendung mit Vor- und Nachteilen

Wie einleitend bereits erwähnt, finden materialisierte Sichten z.B. Anwendung in verteilten Datenbanksystemen. Dies bringt den Vorteil, dass Daten aus verschiedenen Datenbanken integriert werden können, ohne dass die Basistabellen erneut, komplett in einer zentralen Datenbank abgespeichert werden müssen. Damit wird die redundante Datenspeicherung vermieden. Anfragen an das System können mithilfe von materialisierten Sichten beantwortet werden, sodass der Zugriff auf ferne, dezentrale Basistabellen nicht stattfinden muss. Durch die Vorberechnung und Speicherung von Anfrageergebnissen wird die Ausführungszeit von Anfragen an das Datenbanksystem verbessert [Bu+99].

Materialisierte Sichten werden i. A. bevorzugt in solchen Datenbanksystemen verwendet, in denen eine Vielzahl gleicher oder ähnlicher Anfragen auf denselben Relationen bei weitgehend stabiler Datenbasis vorkommt. Häufig gestellte Anfragen werden materialisiert, um ihre ständige, komplette Neuberechnung zu vermeiden. Zudem kann eine bereits existierende Sicht zur Erzeugung weiterer Sichten benutzt werden, wodurch die erneute Berechnung von Teilergebnissen eingespart wird. Materialisierte Sichten reduzieren somit den Berechnungsaufwand und verbessern die Effizienz der Anfrageausführung, indem Anfrageergebnisse gespeichert und damit teure Plattenzugriffe, infolge mehrfacher Datenabfragungen aus unterschiedlichen Relationen, reduziert werden. Deshalb werden sie vor allem in solchen Systemen implementiert, die eine schnelle Antwortzeit für häufig gestellte Anfragen verlangen. Dabei sind beständig verwendete, komplexe Aggregations- und Verbundanfragen häufig Kandidaten für eine Materialisierung [Ha05].

Des Weiteren bietet die Materialisierung von Sichten den Vorteil des Datenschutzes, indem über die Sichtdefinition dem Benutzer nur bestimmte Informationen sichtbar gemacht werden können. Dadurch kann die Veränderung schützenswerter Daten verhindert und die Fehlerhäufigkeit herabgesetzt werden. Konkret können so z.B. Anwendungen im Bankwesen oder dem Einzelhandel durch den Einsatz materialisierter Sichten effizienter und fehlerfreier ausgeführt werden [Mu95].

---

[6] Sofern nicht explizit angegeben, bezieht sich die alleinige Bezeichnung *Sicht* im Folgenden immer auf eine materialisierte Sicht.

Im Gegenteil dazu kann die Benutzung materialisierter Sichten in solchen Fällen von Nachteil sein, in denen Basisrelationen ständigen Änderungen unterliegen. Dadurch vermehrt entstehende Wartungskosten für die Aktualisierung der Basistabellen und der dazugehörigen Sichten können die Vorteile der Materialisierung übersteigen. Ein weiterer Nachteil bei der Verwendung materialisierter Sichten besteht im möglichen Anstieg der benötigten Speicherkapazität [Bu+99, Ha95].

Zusammenfassend stellt die Entscheidung über die Materialisierung von Sichten in einem Datenbanksystem gewissermaßen einen Zielkonflikt zwischen dem Erreichen schneller Antwortzeiten bei der Anfrageausführung und dem Reduzieren von Wartungskosten dar.

3 Klassifizierung von Aspekten der Sichtwartung

3.1 Überblick

Veränderungen auf Basisrelationen können[7], abhängig von der Sichtdefinition, Aktualisierungen der auf ihnen definierten, materialisierten Sichten implizieren. Werden diese nicht durchgeführt, kann eine Sicht V inkonsistent werden. Sie Auswertung ihrer Sichtdefinition auf den neuen Zuständen ihrer Basisrelationen stimmt dann nicht mehr mit ihrem aktuellen, unaktualisierten Sichtzustand überein. Das heißt, sobald sich die Inhalte der Basistabellen, auf denen V definiert ist, verändern, müssen diese Änderungen auch auf V abgebildet werden.

Der Prozess der Aktualisierung von materialisierten Sichten als Reaktion auf Updates auf die zugrunde liegenden Basisrelationen wird als Sichtwartung bezeichnet [GM95]. Dabei ist neben der Art und Weise der Wartung ist auch der Wartungszeitpunkt ein bedeutsamer Leistungsaspekt. Beide Ansätze werden im Folgenden kategorisiert.

3.2 Wartungsverfahren

3.2.1 Vollständige Aktualisierung

Das Wartungsverfahren der vollständigen Aktualisierung, auch Rematerialisierung genannt, umfasst das gänzliche Löschen veralteter materialisierter Sichten mit anschließender, kompletter Neuberechnung infolge jeglicher Änderungen von Daten auf zugrunde liegenden Basistabellen. Dieses Vorgehen ist zumeist nicht effizient, kann jedoch in Systemen sinnvoll sein, in denen Basistabellen permanenten, großen Änderungen unterliegen, beispielsweise dann, wenn auf Basisrelationen mehr als 50% der Menge der bereits in ihnen vorhandenen Datensätze eingefügt werden [Ho01]. Die Entscheidung über die Nutzung dieses Aktualisierungsverfahrens hängt deshalb stark vom Anwendungsszenario und der Komplexität der Sichtdefinition ab, ist jedoch im Allgemeinen dann sinnvoll, wenn die Kosten der kompletten Neuberechnung der Sicht geringer sind als bei einer inkrementellen Wartung.

Des Weiteren bietet die Strategie der vollständigen Rematerialiserung einen Ansatzpunkt für die gemeinsame, gleichzeitige Wartung mehrerer Sichten. Das als MQO-Technik (englisch: *mass/multi-query optimization technique)* bezeichnete Verfahren hat die Optimierung von Anfragemengen, welche gemeinsame Unterausdrücke besitzen, zum Ziel [Ro+00]. Durch das Erzeugen von Vorgänger - Nachfolger Beziehungen zwischen unterschiedlichen Anfragedefinitionen kann der Gesamtberechnungsaufwand einer Menge von Anfragen minimiert werden. Es werden eine oder mehrere gemeinsam und wiederholt nutzbare Basisanfragen generiert, sodass einzelne Anfrageteile verschiedener Sichten nicht isoliert mehrfach berechnet werden müssen. Die MQO-Technik findet in der Sichtwartung Anwendung [Zh+07, Le+01], indem durch sie beispielsweise das wiederholte Lesen großer Basistabellen zur Berechnung einer Vielzahl von darauf definierten Sichten oder das mehrfache Ausführen von Verbundoperationen reduziert und dadurch die gemeinsame Wartungszeit verringert werden.

[7] Auf die Möglichkeit, dass Veränderungen der Basisrelationen keine Veränderungen auf einer materialisierten Sicht hervorrufen, wird in Kapitel 4.1 eingegangen.

3.2.2 Inkrementelle Aktualisierung

Um eine Sicht V nicht von Grunde auf neu zu berechnen, bedient man sich inkrementeller Aktualisierungsverfahren. Dazu zählen Algorithmen, welche nur die Veränderungen der Basisrelationen auf V nachvollziehen. Die Idee dabei ist, dass zumeist nur Teile und nicht der gesamten Inhalt einer Sicht infolge von Veränderungen auf den Basistabellen betroffen sind und deshalb gewartet werden müssen [GM95]. Der neue Zustand einer Sicht V^N kann deshalb aus ihrem alten Zustand V^A und den durchzuführenden Veränderungen durch eingefügte Tupel $\triangle R_i$ bzw. gelöschte Tupel $\bigtriangledown R_i$ (mit $1 \leq i \leq n$) auf einer ihrer Basisrelationen $R_1, \ldots, R_n$ berechnet werden. Damit lässt sich die Definition der inkrementellen Wartung einer materiellen Sicht V allgemein mit Gleichung (1) beschreiben, wobei $V[\triangle R_i]$ die Sichtdefinition V darstellt, in welcher die Basisrelation R_i durch die Einfüge-Modifizierungen $\triangle R_i$ ersetzt wird. Analog gilt dies für $V[\bigtriangledown R_i]$ und $V[\Box R_i]$.[8]

$$V^N = (V^A \cup V[\triangle R_i]) \setminus V[\bigtriangledown R_i] = V^A \Diamond V[\Box R_i] \tag{1}$$

Ändert sich der Zustand einer Sicht V infolge von Veränderungen $\Box R_i$ ($i = 1, \ldots, n$) auf mehr als einer Basisrelation R_i, so symbolisieren $\triangle V$ und $\bigtriangledown V$ die notwendiger Weise auf V einzufügenden bzw. zu löschenden Tupel. Die beiden Mengen werden in der Sichtveränderungsmenge $\Box V = (\triangle V \cup \bigtriangledown V)$ zusammengefasst Für Tupel $\Box v \subseteq \Box V$ gilt $\Box v \in \triangle V$ mit $\triangle V \subseteq \Box V$, wenn $\Box v$.ACTION = INSERT. Analog gilt $\Box v \in \bigtriangledown V$ mit $\bigtriangledown V \subseteq \Box V$, wenn $\Box v$.ACTION = DELETE. Die inkrementelle Wartung von V lässt sich mit der allgemeinen Form in (2) definieren. Die Tupel $\Box v \in \Box V$ werden jeweils auf V^A angewandt, d.h. die Menge $\triangle V$ zum alten Sichtzustand V^A hinzugefügt und $\bigtriangledown V$ gelöscht.

$$V^N = (V^A \cup \triangle V) \setminus \bigtriangledown V = V^A \Diamond \Box V \tag{2}$$

Die inkrementelle Wartung materialisierter Sichten bietet sich besonders bei einfacheren Sichtdefinitionen, wie in dieser Arbeit betrachtet, und kleineren Änderungen an ihren Basisrelationen an [Le02].

3.3 Wartungszeitpunkt

3.3.1 Sofortige Aktualisierung

Wird eine materialisierte Sicht innerhalb der sie verändernden Transaktion aktualisiert, so wird die sofortige Aktualisierungsstrategie (englisch: *immediate refresh*) gebraucht. Dabei wird die Sicht direkt mit der Veränderungsoperation auf den Basistabellen gewartet [RG02], sodass nachfolgende Operationen innerhalb der Transaktion auch immer einen konsistenten Sichtzustand sehen (z.B. eine nachfolgende READ Operation) [Le02]. Nachteil dieser Wartungsstrategie ist jedoch die Notwendigkeit des *Rollbacks* der durchgeführten Aktualisierungen auf der Sicht, falls die Transaktion scheitert. Zudem erhöhen die durchzuführenden Wartungsschritte an Basisrelationen und materialisierten Sichten die Ausführungszeit einer verändernden Transaktion [RG02].

Beispielhaft sei hier das IBM-Datenbankmanagementsystem DB2 genannt, welches dem Benutzer mit den Schlüsselworten REFRESH IMMEDIATE in der Sichtdefinition erlaubt die sofortige Aktualisierungsstrategie zu verwenden [IBM06].

---

[8] Auf Besonderheiten, die bei einigen Sichtdefinitionen, wie beispielsweise bei PROJECT Sichten, beachtet werden müssen und unter denen die Berechnung von V^N von der allgemeinen Definition aus (1) abweicht, wird in Kapitel 4.2 eingegangen.

3.3.2 Transaktionsbasierte Aktualisierung

Im Vergleich zur sofortigen Aktualisierungsstrategie können Veränderungen auf Basisrelationen auch erst bei erfolgreicher Beendigung der Veränderungstransaktion auf eine Sicht übertragen werden (englisch: *on commit refresh*). Durch diese Strategie entfällt die Notwendigkeit eines *Rollbacks* der Sichtwartung bei nicht erfolgreich abgeschlossenen Transaktionen. Allerdings ist es möglich, dass Operationen innerhalb der Transaktion eventuell inkonsistent gewordene Sichtinhalte lesen und verarbeiten [Le02]. Da Veränderungen an den aktualisierten Basistabellen und an den materialisierten Sichten, welche diese Tabellen in ihrer Sichtdefinition referenzieren, durchgeführt werden müssen, kann jedoch auch hier die Beendigung der Transaktion länger dauern [Ho01].

Als Beispiel sei Oracle9i genannt, welches die transaktionsbasierte Aktualisierung von materialisierten Sichten unterstützt. Der Benutzer kann diesen Wartungszeitpunkt in der Sichtdefinition über die Klausel REFRESH ON COMMIT festsetzen [Ho01].

3.3.3 Verzögerte Aktualisierung

Bei der verzögerten Aktualisierungsstrategie (englisch: *deferred refresh*) werden materialisierten Sichten veränderungsentkoppelt aktualisiert, d. h. Änderungsvorgänge auf den Basisrelationen werden in einem Log zwischengespeichert und nicht direkt mit der verändernden Transaktion, sondern später auf die Sicht übertragen. Es gibt drei verschiedene, nachstehend erläuterte Strategien der verzögerten Aktualisierung.

Bei der erzwungenen Aktualisierung (englisch: *forced refresh*) werden materialisierte Sichten aktualisiert, sobald eine festgelegte Anzahl von Veränderungen an den ihnen zugrund liegenden Basisrelationen vorgenommen wurde [RG02].

Die periodische Aktualisierung (englisch: *periodic refresh*) wartet materialisierte Sichten in bestimmten Zeitabständen, beispielsweise täglich oder wöchentlich [RG02].

Die träge Aktualisierungsstrategie (englisch: *lazy refresh*) zögert die Wartung einer Sicht V bis zu einem Zeitpunkt t heraus, an dem der Benutzer die Aktualisierung von V explizit anweist, dem Datenbankmanagementsystem freie Zyklen zur Wartung zur Verfügung stehen oder V zur Auswertung einer Anfrage benötigt wird [ZLE07]. Dazu werden alle durchzuführenden Aktualisierungen an V bis zum Zeitpunkt t zwischengespeichert und erst in t auf die Sicht abgebildet.

Der Vorteil von verzögerten Aktualisierungsstrategien ist die Möglichkeit der Bündelung von durchzuführenden Sichtaktualisierungen [ZLE07]. Des Weiteren tragen Änderungsoperationen nicht die Kosten für die anschließende Sichtwartung, wodurch sich die Ausführungsgeschwindigkeit von Änderungsoperationen verbessert. Nachteilig ist jedoch, dass die erzwungene und periodische Aktualisierungsstrategie inkonsistente Sichtzustände erzeugen können. Dadurch besteht die Möglichkeit, dass Anfragen auf der Grundlage inkorrekter, nicht aktueller Datenbestände ausgewertet werden.

DB2 erlaubt dem Benutzer die Verwendung der trägen Aktualisierungsstrategie durch den Einsatz des Schlüsselwortes REFRESH DEFERRED in der Sichtdefinition. Damit kann eine materialisierte Sicht jederzeit mit der Anweisung REFRESH TABLE aktualisiert werden [Me05].

4 Inkrementelle Wartungsverfahren

4.1 Relevante und irrelevante Veränderungen auf Basistabellen

Bevor die inkrementelle Wartung einer Sicht erfolgt, scheint es sinnvoll, nur die Veränderungen auf den Basistabellen in die Berechnungen einzubeziehen, die auch eine Veränderung auf den auf ihnen definierten Sichten bewirken. Die nachstehend präsentierte Methode kombiniert Ansatzpunkte aus [BLT86] und [BCL89] auf Grundlage des in [RH80] begründeten Verfahrens zur Überprüfung der Erfüllbarkeit von Booleschen Ausdrücken. Dabei werden Veränderungen INSERT(R_i, $\triangle R_i$) und/oder DELETE(R_i, ∇R_i) Anweisungen betrachtet und in $\square R_i$ zusammengefasst.

4.1.1 Relevanz und deren Überprüfbarkeit

Eine Veränderung $U = \square R_i$ von eingefügten und/oder gelöschten Tupeln auf einer Basisrelation R_i $(1 \leq i \leq n)$ ist für die auf ihr definierte materialisierte Sicht $V = \pi_Y(\sigma_P(R_1 \times R_2 \times \ldots \times R_n))$ dann irrelevant, wenn U den Sichtzustand, unabhängig vom Datenbankzustand, nicht verändert [BCL89]. D. h. der neu berechnete Sichtzustand V^N ist nach der Anwendung des Sichtausdrucks auf den neuen Zustand der Relationen $R_i^N = (R_i \cup \triangle R_i) \setminus \nabla R_i = R_i^A \diamond \square R_i$ unverändert und exakt derselbe, wie vor der Veränderung, also $V^N = V^A$.

Ist eine Veränderung $U = \square R_i$ nicht irrelevant für V, so wird sie als relevant bezeichnet. Dies bedeutet jedoch nicht sofort, dass U sich definitiv auf den aktuellen Sichtzustand auswirkt. Ob Einfüge- oder Löschvorgänge auf den Basisrelationen tatsächlich zur Wartung von V führen, hängt von der jeweiligen Datenbankinstanziierung, also vom Inhalt der Basisrelationen ab.

Um festzustellen, ob $\square R_i$ eine relevante oder irrelevante Veränderung ist, wird die Erfüllbarkeit der Selektionsbedingung P, wie in den nächsten beiden Abschnitten verdeutlicht, getestet. Eine Bedingung kann entweder zu TRUE oder FALSE ausgewertet werden, nachdem all ihre Attribute $\alpha(P)$ durch passende Werte ersetzt wurden. Werden nicht alle, sondern nur einige Attributnamen aus P durch entsprechende Werte eines Tupels $\square r_i \in \square R_i$ ersetzt, so spricht man von der Substitution $P[\square r_i]$. Hierbei werden die Attribute $\alpha(\square r_i) \subset \alpha(P)$ durch die jeweils in $\square r_i$ gegebenen Werte ersetzt, sodass eine Bedingung mit weniger Variablen entsteht [BCL89]. Bei einer Substitution gilt demnach $\#(\alpha(P[\square r_i])) < \#(\alpha(P))$.

Der Boolesche Ausdruck, definiert durch P, heißt gültig, wenn er immer zu TRUE ausgewertet wird; erfüllbar, wenn er für mindestens eine Kombination von Werten für seine Attribute zu TRUE ausgewertet werden kann und unerfüllbar, wenn er niemals zu TRUE ausgewertet werden kann [BCL89].

4.1.2 Irrelevante Veränderungen durch INSERT Anweisungen

Es sei $R_i \in \{R_1, \ldots, R_n\}$ eine Basisrelation der Sicht V und $\triangle R_i = \{\triangle r_{i,1}, \triangle r_{i,2}, \ldots, \triangle r_{i,p}\}$, $\triangle R_i \subseteq \square R_i$ die Menge der p auf R_i eingefügten Tupel. Bei einer Veränderung $U = \text{INSERT}(R_i, \triangle R_i)$ ist ein Tupel $\triangle r_{i,j} \in \triangle R_i$ $(1 \leq i \leq n, 1 \leq j \leq p)$ genau dann irrelevant für eine Sicht $V = \pi_Y(\sigma_P(R_1 \times R_2 \times \ldots \times R_n))$, wenn die substituierte Selektionsbedingung $P[\triangle r_{i,j}]$ unabhängig vom Datenbankzustand unerfüllbar ist [BCL89]. Daher muss durch U keine Wartung von V aufgrund einzufügender Tupel $\triangle V$ erfolgen. Ist $P[\triangle r_{i,j}]$ für alle $\triangle r_{i,j} \in \triangle R_i$ unerfüllbar, so ist die gesamte Veränderung U irrelevant für V.

4.1.3 Irrelevante Veränderungen durch DELETE Anweisungen

Für die Menge $\nabla R_i = \{\nabla r_{i,1}, \nabla r_{i,2}, \ldots, \nabla r_{i,q}\}$, $\nabla R_i \subseteq \Box R_i$ der q von R_i entfernten Tupel und die Veränderung U = DELETE(R_i, ∇R_i) gilt, dass U irrelevant für V ist, wenn infolge des Löschvorganges keine Tupel ∇V aus der Sicht entfernt werden müssen. Das Löschen eines Tupels $\nabla r_{i,j}$ $(1 \leq i \leq n, 1 \leq j \leq q)$ ist also genau dann irrelevant für eine Sicht $V = \pi_Y(\sigma_P(R_1 \times R_2 \times \ldots \times R_n))$, wenn die Bedingung $P[\nabla r_{i,j}]$ unabhängig vom Datenbankzustand unerfüllbar ist [BCL89].

4.1.4 Verfahren zum Filtern relevanter Veränderungen

Alle wie oben definierte, irrelevante Veränderungen von Tupeln durch Einfüge- und/oder Löschoperationen auf einer Basistabelle können vor der Sichtwartung aussortiert werden, um die Anzahl der in den Sichtwartungsprozess einbezogenen Tupel und somit den Berechnungs- und Wartungsaufwand zu reduzieren. Das Ziel ist es also, aus einer Menge von eingefügten und/oder gelöschten Tupeln $R_i^{IN} = \{\Box r_{i,1}, \Box r_{i,2}, \ldots, \Box r_{i,p+q}\}$ auf einer Basisrelation R_i eine Menge $R_i^{OUT} \subseteq R_i^{IN}$ zu generieren, welche nur noch die für $V = \pi_Y(\sigma_P(R_1 \times R_2 \times \ldots \times R_n))$ relevanten Veränderungen auf R_i enthält. Dies ist, auf Grundlage der oben dargestellten Definitionen irrelevanter Veränderungen durch INSERT und DELETE Anweisungen, mit der Überprüfung der Erfüllbarkeit der einzelnen Substitutionen $P[\Box r_{i,j}]$ möglich $(1 \leq i \leq n, j = 1, \ldots, p + q)$.

Die vorliegende Arbeit betrachtet im Folgenden Selektionsbedingungen der Form $P = P_1 \wedge P_2 \wedge \ldots \wedge P_m$ mit $P_k \in \{(A \text{ op } B), (A \text{ op } B + C), (A \text{ op } C)\}$ $(k = 1, \ldots, m)$. Dabei sind A und B Attributnamen und C eine Konstante, $\text{op} \in \{=, <, >, \leq, \geq\}$. Über diese Klasse Boolescher Ausdrücke ist Erfüllbarkeit effizient entscheidbar. P ist im Allgemeinen dann unerfüllbar, wenn mindestens ein Teilausdruck P_k unerfüllbar ist [RH80].

Um die Erfüllbarkeit der Selektionsbedingung $P[\Box r_{i,j}]$ und damit die Relevanz eines Tupels $\Box r_{i,j} \in R_i^{IN}$ $(1 \leq i \leq n, 1 \leq j \leq p)$ für V zu entscheiden, kann zunächst die Erfüllbarkeit der einzelnen Teilausdrücke $P_k[\Box r_{i,j}]$ $(k = 1, \ldots, m)$, infolge der Substitution der Attribute durch die entsprechenden Werte aus $\Box r_{i,j}$, überprüft werden. Findet sich ein unerfüllbarer Ausdruck, so ist $P[\Box r_{i,j}]$ unerfüllbar.

Auch wenn alle P_k einzeln betrachtet erfüllbar sind, muss P nicht notwendiger Weise ebenso erfüllbar sein. Dies ist durch implizite Zusammenhänge zwischen den Teilausdrücken möglich. Um auch solche Beziehungen und dadurch eventuell nicht sofort ersichtliche, irrelevante Veränderungen aufzudecken, kann das von Rosenkrantz und Hunt in [RH80] vorgestellte Verfahren verwendet werden. Dieses stellt die Erfüllbarkeit von Booleschen Ausdrücken der Form $P = P_1 \wedge P_2 \wedge \ldots \wedge P_m$ fest. P muss normalisiert werden, sodass nur noch Vergleichsoperatoren $\text{op} \in \{\leq, \geq\}$ in den P_k enthalten sind. Auf dieser Grundlage kann jeder Teilausdruck von P als Kante eines Graphen G = (n, e) interpretiert werden. Jedes in P enthaltene Attribut ist ein Knotenpunkt in G, sodass $n = \alpha(P) \cup \{\text{'0'}\}$ [RH80]. Durch die Übersetzung der in P enthaltenen Teilausdrücke in Kantenausdrücke der Form (n_S, n_Z, w) wird die Menge der gerichteten (von Startknoten n_S zu Zielknoten n_Z), gewichteten (mit Gewichtung w) Kanten e zwischen den Knoten in G erzeugt. Die Interpretation eines jeweiligen Teilausdrucks P_k als Kante in G wird in [RH80] beschrieben und ist in Abbildung 2 zusammengefasst.

Teilausdruck $P_k \in P$	Interpretation als Kante (n_S, n_Z, w) in G
$A \leq B + C$	(A, B, C)
$A \geq B + C$	(B, A, -C)
$A \leq C$	(A, '0', C)
$A \geq C$	('0', A, -C)

Abb. 2: Übersetzung eines Teilausdrucks P_k in eine Kante der Form (n_S, n_Z, w) in G

Enthält ein für $P[\Box r_{i,j}]$ konstruierte Graph G einen negativen Zyklus, ist $P[\Box r_{i,j}]$ unerfüllbar[9] und $\Box r_{i,j}$ eine irrelevante Veränderung. Anderenfalls ist $P[\Box r_{i,j}]$ erfüllbar, sodass $\Box r_{i,j}$ eine relevante Veränderung auf R_i darstellt, die Sicht V gewartet und $\Box r_{i,j}$ zur Ausgabemenge R_i^{OUT} hinzugefügt werden muss.

Beispiel 1: In Bezug auf die in Kapitel 1.6 eingeführte materialisierte Sicht $V1 = \pi_{A,B,D}(\sigma_{(B<E)\wedge(D\leq B)\wedge(A<5)\wedge(A=C)}(R \times S))$ betrachte man die Veränderungen U, die daraus resultierende Menge S^{IN} und die normalisierte Selektionsbedingung P, wie folgt dargestellt.

U = INSERT(S, {(3, 8, 7), (3, 2, 9), (4, 4, 6), (5, 6, 7)}), DELETE(S, {(3, 8, 9)})
$S^{IN} = \{(3, 8, 7)^I, (3, 2, 9)^I, (4, 4, 6)^I, (5, 6, 7)^I, (3, 8, 9)^D\} = \{\Box s_j \mid j = 1, \ldots, 5\}$
$P = (B < E-1) \wedge (D \leq B) \wedge (C \leq 4) \wedge (A \leq C) \wedge (A \geq C)$

Mit den Veränderungen $\Box s_j$ auf S lassen sich die Attribute C, D und E in P substituieren. In Abbildung 3 sind die für jedes eingefügte und gelöschte Tupel $\Box s_j$ stattfindende Substitution und der daraus erzeugbare Graph dargestellt.

Veränderung $\Box s_j$	Substitution $P[\Box s_j]$	Graph G_j = (n, e) für $\Box s_j$
$\Box s_1 = (3, 8, 7)^I$	$P[\Box s_1] =$ $(B \leq 6)\wedge(8 \leq B)\wedge(3 \leq 4)\wedge(A \leq 3)\wedge(A \geq 3)$	G_1 = ({A,B,C,D,E,'0'}, {(B, '0', 6), ('0', B, -8), (A, '0', 3), ('0', A, -3)})
$\Box s_2 = (3, 2, 9)^I$	$P[\Box s_2] =$ $(B \leq 8)\wedge(2 \leq B)\wedge(3 \leq 4)\wedge(A \leq 3)\wedge(A \geq 3)$	G_2 = ({A,B,C,D,E,'0'}, {(B, '0', 8), ('0', B, -2), (A, '0', 3), ('0', A, -3)})
$\Box s_3 = (4, 4, 6)^I$	$P[\Box s_3] =$ $(B \leq 5)\wedge(4 \leq B)\wedge(4 \leq 4)\wedge(A \leq 4)\wedge(A \geq 4)$	G_3 = ({A,B,C,D,E,'0'}, {(B, '0', 5), ('0', B, -4), (A, '0', 4), ('0', A, -4)})
$\Box s_4 = (5, 6, 7)^I$	$P[\Box s_4] =$ $(B \leq 6)\wedge(6 \leq B)\wedge(5 \leq 4)\wedge(A \leq 5)\wedge(A \geq 5)$	Da $(5 \leq 4)$ = FALSE Berechnung vorher abbrechen
$\Box s_5 = (3, 8, 9)^D$	$P[\Box s_5] =$ $(B \leq 8)\wedge(8 \leq B)\wedge(3 \leq 4)\wedge(A \leq 3)\wedge(A \geq 3)$	G_5 = ({A,B,C,D,E,'0'}, {(B,'0',8), ('0',B,-8), (A,'0',3), ('0',A,-3)})

Abb. 3: Substitutionen und erzeugte Graphen für die Veränderungen aus Beispiel 1

Mit dem Einfügen des Tupels $\Box s_1$ sind die Teilausdrücke der Substitution $P[\Box s_1]$ zwar einzeln erfüllbar bzw. gültig, jedoch kann durch die Erstellung des Graphen G_1 die mit $\Box s_1$

[9] Für einen Beweis der Richtigkeit der Übersetzung der Teilausdrücke in Kanten eines Graphen zur Prüfung der Erfüllbarkeit eines booleschen Ausdrucks P sei auf [RH80] verwiesen.

unerfüllbare, implizite Beziehung $(D \leq E - 1) = (D < E)$, welche durch die normalisierten Teilausdrücke $(B \leq E - 1)$ und $(D \leq B)$ entsteht, aufgedeckt werden. G_1 enthält einen negativen Zyklus zwischen den Knoten B und '0', dessen Summe -2 ist, da $(D \leq E - 1)$ mit $\Box s_1$ den Ausdruck $(8 \leq 6)$ ergibt, dessen Ungleichgewicht -2 beträgt. Aus diesem Grund ist $P[\Box s_1]$ unerfüllbar und $\Box s_1$ irrelevant für V1.

Mit $\Box s_2$, $\Box s_3$ und $\Box s_5$ finden relevante Einfüge- bzw. Löschvorgänge auf der Basisrelation S statt, denn die zugehörigen Graphen G_2, G_3 und G_5 enthalten keine negativen Zyklen. Demzufolge sind $P[\Box s_2]$, $P[\Box s_3]$ und $P[\Box s_5]$ erfüllbar. Dies bedeutet beispielsweise für $\Box s_2$, dass Instanzen von R mit Tupeln der Form $(A, B) = (\alpha, \beta)$ existieren, sodass der Boolesche Ausdruck $(\beta \leq 8) \wedge (2 \leq \beta) \wedge (3 \leq 4) \wedge (\alpha \leq 3) \wedge (\alpha \geq 3) = \text{TRUE}$. Um festzustellen ob dies für die derzeitige Instanziierung von R gilt, muss ihr Zustand überprüft werden.

Mit $\Box s_4$ wird in $P[\Box s_4]$ der unerfüllbare Teilausdruck $(5 \leq 4)$ erzeugt, wodurch die gesamte, konjunktive Bedingung $P[\Box s_4]$, unabhängig vom Inhalt der Basisrelationen, immer unerfüllbar ist. Laut der Definition in Kapitel 4.1.2 hat das Einfügen des Tupels $\triangle s_4$ aus diesem Grund keine Auswirkung auf V1 und stellt eine irrelevante Veränderung an S dar. Sie kann deshalb ignoriert werden.

Zusammenfassend ergibt sich durch das Update U die Menge der relevanten Veränderungen $S^{OUT} = \{\Box s_2, \Box s_3, \Box s_5\}$.

4.1.5 Verwandte Literatur

Zur Lösung der Problemstellungen, wann Veränderungen auf Basisrelationen keine Auswirkung auf Sichten haben und wie solche Veränderungen vor der Anwendung eines Wartungsalgorithmus' aussortiert werden können, wurden in mehreren Arbeiten Ansätze präsentiert. Die vorgestellten Verfahren in [BLT86] und [BCL89] filtern irrelevante Veränderungen infolge von Einfüge- oder Löschvorgängen auf SQL SPJ Sichten. In [El90] wird dahingegen ein Vorgehen in Datalog beschrieben. [BCL89] betrachtet zudem MODIFY Anweisungen nicht als Abfolge von DELETE und INSERT Operationen, sondern als Einheit.

4.2 Wartungsverfahren für einfache Sichtdefinitionen

4.2.1 SELECT Sichtdefinitionen

Um eine materialisierte Sicht $V = \sigma_P(R_1)$ infolge von Veränderungen auf ihrer Basisrelation R_1 inkrementell zu aktualisieren, werden die p eingefügten und q gelöschten Tupel der Mengen $\triangle R_1$, $\nabla R_1 \subseteq \Box R_1$ nach dem Prädikat P selektiert. Alle Tupel $\triangle r_{1,j} \in \triangle R_1$ $(j = 1, \ldots, p)$ und $\nabla r_{1,j} \in \nabla R_1$ $(j = 1, \ldots, q)$, unter denen P erfüllbar ist, müssen in V^A eingefügt bzw. von V^A gelöscht werden. Der jeweils durchzuführende Vorgang ist in der mitgeführten ACTION Spalte notiert (INSERT oder DELETE). Dabei gilt $\sigma_P(\Box r_{1,j}).\text{ACTION} = \Box r_{1,j}.\text{ACTION}$ [BLT86]. Das Wartungsverfahren infolge von Einfüge- bzw. Löschoperationen auf einer puren Selektionssicht kann wie in (3) dargestellt, formalisiert werden. Grundlage dafür ist die in [QW91] definierte Regel zur inkrementellen Übertragung von Veränderungen bei Selektionssichten. Zusammenfassend ergibt sich Gleichung (4), um den neuen Sichtzustand V^N infolge aller Veränderungen $\Box r_{1,j} \in \Box R_1$ $(j = 1, \ldots, p + q)$ zu berechnen. So können auch UPDATE Anweisungen, welche in $\Box R_1$ durch zwei Tupel als Sequenz einer Lösch- und Einfügeoperation abgebildet sind, gewartet und dabei die beiden Gleichungen aus (3) kombiniert angewandt werden. Jedes errechnete Tupel □v∈□V mit □v.ACTION = INSERT wird auf V^A eingefügt und entsprechend mit □v.ACTION = DELETE von V^A gelöscht.

$$V^N = V^A \cup \sigma_P(\triangle R_1) \text{ bzw. } V^N = V^A \setminus \sigma_P(\triangledown R_1) \quad (3)$$

$$V^N = V^A \diamond \sigma_P(\square R_1) = V^A \diamond \square V \quad (4)$$

4.2.2 PROJECT Sichtdefinitionen

Infolge einer Menge von p eingefügten Tupeln $\triangle R_1 \subseteq \square R_1$ kann eine materialisierte Sicht $V = \pi_Y(R_1)$ inkrementell aktualisiert werden, indem die Werte, der in der Projektionsbedingung Y gelisteten Attribute, aller eingefügten Tupel $\triangle r_{1,j} \in \triangle R_1$ (j = 1, …, p) in die Sicht projiziert werden, sofern diese nicht bereits in ihr vorhanden sind. Dieser Vorgang ist in (5) formalisiert.

$$V^N = V^A \cup \pi_Y(\triangle R_1) \quad (5)$$

Wird die Basisrelation R_1 durch das Löschen einer Menge $\triangledown R_1 \subseteq \square R_1$ von q Tupeln verändert, so kann V nicht sofort durch das Löschen der zugehörigen Tupel $V[\triangledown R_1] = \pi_Y(\triangledown R_1)$ aktualisiert werden. Der Grund ist, dass mehrere Tupel der Basisrelation R_1 dazu beitragen können, dass ein Attributwert bzw. Tupel in V auftaucht. Durch das Mitführen eines Vielfachheitszählers zu jedem Tupel v∈V wird die Anzahl der Tupel in der Basisrelation gespeichert, die dazu beisteuern, dass v in V enthalten ist [BLT86, GM95]. Das Löschen eines Tupels $\triangledown r_{1,j} \in \square R_1$ $(1 \leq j \leq p)$ wird als Dekrement des Zählers um 1 für das korrespondierende Tupel $V[\triangledown r_{1,j}] = \pi_Y(\triangledown r_{1,j})$ in V verzeichnet, das Einfügen von $\triangle r_{1,j} \in \square R_1$ $(1 \leq j \leq q)$ dahingegen als Inkrement des Zählers von $V[\triangle r_{1,j}]$ um 1 [BLT86]. Ist der Zähler eines Tupels v∈V gleich 0, so gibt es kein Tupel in R_1, das v erzeugt. Deshalb kann v sicher aus der Sicht entfernt werden.

Auch hier wird bei der Berechnung der Sichtveränderungen □V der ACTION Wert der Tupel der Basisrelationen, wie in [BLT86] definiert, mitgeführt. Es gilt in diesem Fall $\pi_Y(\square r_{1,j})$.ACTION = $\square r_{1,j}$.ACTION $(1 \leq j \leq p + q)$.

Beispiel 2: Man betrachte die Sichtdefinition $V2 = \pi_C(S)$ und die in Kapitel 1.6 definierte Basisrelation S = {C, D, E}. Das oben beschriebene Verhalten des Vielfachheits-Zählers bei Veränderungen $\square S = \{(4, 4, 6)^I, (2, 3, 6)^D, (3, 8, 9)^D\}$ wird anhand von Abbildung 4 verdeutlicht. Das Tupel v2 = (3) kann aus V2 gelöscht werden, da in S kein Tupel mehr vorhanden ist, welches zur seiner Existenz in V2 beiträgt.

V2	
C	**Zähler**
1	1
2	2
3	1

□S →

V2	
C	**Zähler**
1	1
2	1
~~3~~	~~0~~
4	1

Abb. 4: Verhalten des Vielfachheitszählers infolge der Veränderungen □S auf S

4.2.3 INNER JOIN Sichtdefinitionen

4.2.3.1 Veränderungen einer Basisrelation

Man betrachte eine auf dem Verbund von n Basisrelationen definierte Sicht $V = R_1 \bowtie_{J1} R_2 \bowtie_{J2} \ldots \bowtie_{Jn-1} R_n$ und die zugehörigen Veränderungstabellen $\square R_i$ $(i = 1, \ldots, n)$. Zunächst seien nur Veränderungen auf einer Basisrelation R_k $(1 \leq k \leq n)$ angenommen. Für alle eingefügten Tupel der Menge $\triangle R_k \subseteq \square R_k$ kann der aktualisierte Sichtzustand V^N mithilfe der in (6) dargestellten Umformungsschritte erzeugt werden, wobei die distributive Eigenschaft von Verbund- über Vereinigungsoperatoren ausgenutzt wird. Die berechnete Menge $\triangle V$, zu welcher die neu eingefügten Tupel $\triangle R_k$ durch den Verbund mit den unveränderten Relationen R_i $(i = 1, \ldots, n \text{ und } i \neq k)$ beitragen, wird in die Sicht eingepflegt. Analog ist die Wartung infolge einer Menge von Löschvorgängen $\triangledown R_k \subseteq \square R_k$ motivierbar und in (7) notiert.

$$
\begin{aligned}
V^N &= R_1 \bowtie_{J1} \ldots \bowtie_{Jk-1} (R_k \cup \triangle R_k) \bowtie_{Jk} \ldots \bowtie_{Jn-1} R_n \\
V^N &= (R_1 \bowtie_{J1} \ldots \bowtie_{Jk-1} R_k \bowtie_{Jk} \ldots \bowtie_{Jn-1} R_n) \cup (R_1 \bowtie_{J1} \ldots \bowtie_{Jk-1} \triangle R_k \bowtie_{Jk} \ldots \bowtie_{Jn-1} R_n) \\
V^N &= V^A \cup (R_1 \bowtie_{J1} \ldots \bowtie_{Jk-1} \triangle R_k \bowtie_{Jk} \ldots \bowtie_{Jn-1} R_n) \\
V^N &= V^A \cup \triangle V
\end{aligned} \tag{6}
$$

$$V^N = V^A \setminus (R_1 \bowtie_{J1} \ldots \bowtie_{Jk-1} \triangledown R_k \bowtie_{Jk} \ldots \bowtie_{Jn-1} R_n) = V^A \setminus \triangledown V \tag{7}$$

Werden die Mengen der eingefügten und gelöschten Tupel $\triangle R_k$ und $\triangledown R_k$ zusammen in der Menge $\square R_k$ betrachtet, lässt sich Gleichung (8) formalisieren. Findet ein Verbund zwischen unveränderten, alten Tupeln r_i (r_i.ACTION = OLD) der Basisrelationen R_i $(i = 1, \ldots, n;\ i \neq k)$ und einem eingefügten Tupel $\square r_k$ ($\square r_k$.ACTION = INSERT) der Veränderungstabelle $\square R_k$ statt, so ergibt sich ein auf V^A einzufügendes Tupel $\square v$ mit $\square v$.ACTION = INSERT. Entsprechend erzeugt der Verbund von alten Tupeln r_i mit einem gelöschten Tupel $\square r_k$ ($\square r_k$.ACTION = DELETE) einen von V^A zu entfernendes Tupel $\square v$ mit $\square v$.ACTION = DELETE [BLT86]. Die dadurch, bei der Berechnung der auf V^A zu übertragenden Tupel $\square v \in \square V$, mitgeführten ACTION Werte der Veränderungen aus $\square R_k$ ermöglichen die Feststellung, welche Tupel $\square v$ auf V^A eingefügt und welche gelöscht werden müssen.

$$V^N = V^A \Diamond (R_1 \bowtie_{J1} \ldots \bowtie_{Jk-1} \square R_k \bowtie_{Jk} \ldots \bowtie_{Jn-1} R_n) = V^A \Diamond \square V \tag{8}$$

Beispiel 3: Gegeben sei die Sicht $V3 = R \bowtie_{(A=C)} S$, deren Basisrelationen R und S wie in Kapitel 1.6 definiert und instanziiert sind. Die Menge der Veränderungen auf S sei $\square S = (3, 8, 7)^I, (3, 2, 9)^I, (4, 4, 6)^I, (5, 6, 7)^I, (3, 8, 9)^D\}$. Die dadurch auf V3 hervorgerufenen Veränderungen $\square V3$ errechnen sich wie in (8) definiert: $\square V3 = R \bowtie_{(A=C)} \square S = \{(3, 8, 3, 8, 7)^I, (3, 8, 3, 2, 9)^I, (5, 3, 5, 6, 7)^I, (2, 3, 3, 8, 9)^D\}$. Der neue Sichtzustand $V3^N$ ergibt sich daher zu $V3^N = V3^A \Diamond \square V3$, wobei die mit „I“ markierten Tupel auf $V3^A$ einzufügen und die mit „D“ markierten zu löschen sind.

4.2.3.2 Veränderungen mehrerer Basisrelationen

Die oben benutzte Idee zur Sichtwartung, infolge von Veränderungen auf einer Basisrelationen R_k, kann verallgemeinert werden, um eine materialisierte Sicht V auch bei Veränderungen auf mehreren ihrer Basisrelationen zu warten. Dazu sei weiterhin $V = R_1 \bowtie_{J1} R_2 \bowtie_{J2} \ldots \bowtie_{Jn-1} R_n$ betrachtet.

Finden auf m Relationen ($m \leq n$) Veränderungen durch Einfüge- und/oder Löschoperationen statt, so kann die auf V zu übertragende Menge von Aktualisierungen □V mithilfe einer Wahrheitstabelle erzeugt werden. Das nachstehend dargestellte Verfahren zur Erstellung dieser Tabelle und ihrer Inhalte basiert auf der in [BLT86] vorgestellten Methode. Die Wahrheitstabelle enthält n Spalten, für jede Relation R_i ($i = 1, \ldots, n$) eine binäre Variable B_i. Hat B_i den Wert 0, so werden damit die unveränderten, alten Tupel $r_i \in R_i$ präsentiert, d.h. r_i.ACTION = OLD[10]. Dahingegen steht der Wert $B_i = 1$ für die Menge der veränderten Tupel □$r_i \in$ □R_i, d.h. □r_i.ACTION = INSERT oder □r_i.ACTION = DELETE. Die Wahrheitstabelle stellt alle Kombinationsmöglichkeiten zwischen alten und neuen Tupeln, repräsentiert als Tabellenzeilen, dar. Jede Zeile symbolisiert einen Verbund zwischen unveränderten und/oder veränderten Datenmengen.

Die erste Zeile der Wahrheitstabelle enthält für alle B_i den Wert 0, sodass mit ihr die ursprüngliche Sicht V^A vor jeglichen Veränderungen auf ihren Basisrelationen dargestellt ist. Mithilfe der anderen Zeilen kann ermittelt werden, welche Verbünde zwischen unveränderten, alten und veränderten Tupeln zwischen den Basisrelationen R_i vorgenommen werden müssen, um □V zu berechnen. Es sei angenommen, dass auf m Basistabellen ($1 \leq m \leq n$) Aktualisierungen vorgenommen und die restlichen n - m Tabellen unverändert bleiben. □V errechnet sich dann aus der Vereinigung der Zeilen bzw. Verbünden, in welchen einzelne, mehrere oder alle Variablen der m veränderten Relationen gleich 1 und alle Variablen der n - m unveränderten Relationen gleich 0 sind.

Die Beschreibung der Weiterführung der ACTION Werte von Tupeln, infolge von Verbünden bei der Berechnung der Sichtveränderung □V, in Kapitel 4.2.3.1 muss erweitert werden. Es ist im hier betrachteten Fall von Veränderungen auf mehreren Basisrelationen möglich, dass Verbünde zwischen Veränderungsmengen ausgeführt werden müssen. Welchen ACTION Wert ein durch so einen Verbund erzeugtes Tupel, in Abhängigkeit der ACTION Werte der Ausgangstupel, erhält, wurde in [BLT86] aufgeführt und ist in Abbildung 5, für die in der vorliegenden Arbeit verwendete Idee unterschiedlicher ACTION Werte von Tupeln, zusammengefasst. Die bereits in Kapitel 4.2.3.1 beschriebenen Regeln zur Weitergabe der ACTION Werte beim Verbund zwischen alten und eingefügten bzw. gelöschten Tupeln sind ergänzend mit dargestellt.

[10] Dies sei explizit erwähnt, da es von der Annahme, dass alle in Formeln benutzten R gleich R^A symbolisieren, was dem Zustand der Relation R vor stattgefundenen Veränderungen entspricht, in Kapitel 1.5 abweicht

		Verbundpartner 1		
		□r₁.ACTION = INSERT	**□r₁.ACTION = DELETE**	**r₁.ACTION = OLD**
Verbundpartner 2	**□r₂.ACTION = INSERT**	(□r₁⋈□r₂).ACTION = INSERT	(□r₁⋈□r₂) hat keine Auswirkung auf V, wird ignoriert	(r₁⋈□r₂).ACTION = INSERT
	□r₂.ACTION = DELETE	(□r₁⋈□r₂) hat keine Auswirkung auf V, wird ignoriert	(□r₁⋈□r₂).ACTION = DELETE	(r₁⋈□r₂).ACTION = DELETE
	r₂.ACTION = OLD	(□r₁⋈r₂).ACTION = INSERT	(□r₁⋈r₂).ACTION = DELETE	(r₁⋈r₂).ACTION = OLD bereits in V vorhanden

Abb. 5[11]: Weitergabe der ACTION Werte beim Verbund von veränderten/unveränderten Tupeln

Die mithilfe der Wahrheitstabelle berechnete Ergebnismenge □V muss auf V^A angewandt werden, um den aktualisierten Sichtzustand V^N zu erhalten. Die davor durchzuführenden Verbundoperationen zwischen Mengen alter, unveränderter Tupel und neuer, veränderter Tupel erzeugen die Menge der Sichtveränderungen □V. Je nachdem, welchen ACTION Wert die Verbundpartner dabei besitzen, ergeben sich Zwischenergebnismengen nach den in Abbildung 5 notierten Regeln. Um V^N zu erhalten, werden alle errechneten Tupel □v∈□V mit □v.ACTION = INSERT zu V^A hinzugefügt und alle mit □v.ACTION = DELETE von V^A entfernt, sodass auch hier $V^N = V^A \diamond$ □V gilt.

Beispiel 4: Die nötigen Berechnungsschritte für die Aktualisierung der materialisierten Sicht $V3 = R \bowtie_{(A=C)} S$ aus Beispiel 3, infolge von Veränderungen auf ihren Basisrelationen R und S, sollen nun mithilfe der zugehörigen Wahrheitstabelle erzeugt werden. Diese ist in Abbildung 6 dargestellt. Der von einer Zeile repräsentierte Verbund zwischen alten, unveränderten und neue, veränderten Tupeln ist rechts neben der jeweiligen Tabellenzeile notiert. Dabei symbolisieren R und S in den Verbünden alle unveränderten Tupel r∈R und s∈S mit r.ACTION = OLD bzw. s.ACTION = OLD.

B_R	B_S	
0	0	$R \bowtie_{(A=C)} S$
1	0	□$R \bowtie_{(A=C)} S$
0	1	$R \bowtie_{(A=C)}$ □S
1	1	□$R \bowtie_{(A=C)}$ □S

Abb. 6[12]: Wahrheitstabelle für Veränderungen auf zwei Basistabellen R und S

Finden nur auf S Veränderungen □S statt, so sind für die Berechnung von □V3 die Zeilen der Tabelle auszuwählen, in denen $B_R = 0$ und $B_S = 1$, und die korrespondierenden Verbünde durchzuführen. Aus der 3. Zeile ergibt sich dafür □V3 = ($R \bowtie_{(A=C)}$ □S), dieselbe Gleichung, wie bereits in Beispiel 3 motiviert.

[11] Die Abbildung basiert auf den in [BLT86] aufgeführten Ergebnissen von Verbünden zwischen alten und neu eingefügten bzw. gelöschten Tupeln.
[12] Die Abbildung basiert auf einer in [BLT86] dargestellten Wahrheitstabelle.

Finden Veränderungen $\square R = \{(4, 3)^I, (3, 8)^D\}$ und $\square S = \{(3, 8, 7)^I, (3, 2, 9)^I, (4, 4, 6)^I, (5, 6, 7)^I, (3, 8, 9)^D\}$ statt, so sind die 2., 3. und 4. Zeile der Tabelle auszuwählen, um $\square V3$ zu berechnen. Die Menge der Sichtveränderungen $\square V3$ ergibt sich aus der Vereinigung über die notwendig durchzuführenden Verbünde, also $\square V3 = (\square R \bowtie S) \cup (R \bowtie \square S) \cup (\square R \bowtie \square S)$. Mit den Teilergebnissen $(\square R \bowtie_{(A=C)} S) = \{(3, 8, 3, 8, 9)^D\}$, $(R \bowtie_{(A=C)} \square S) = \{(5, 3, 5, 6, 7)^I\}$ und $(\square R \bowtie_{(A=C)} \square S) = \{(4, 3, 4, 4, 6)^I, (3, 8, 3, 8, 9)^D\}$ ergibt sich $\square V3 = \{(3, 8, 3, 8, 9)^D, (5, 3, 5, 6, 7)^I, (4, 3, 4, 4, 6)^I\}$. Der letzte Berechnungsschritt zur inkrementellen Wartung von V3 ist $V3^N = V3^A \diamond \square V3$.

4.2.4 OUTER JOIN Sichtdefinitionen

4.2.4.1 Allgemeines Wartungsschema

Abweichend von den zuvor beschriebenen Wartungsverfahren, können sich bei der inkrementellen Wartung von OUTER JOIN Sichten, infolge von Veränderungen $\square R_i$ auf einer Basisrelationen R_i, neben direkten Veränderungen auf V, auch indirekte Veränderungen ergeben, die als Korrekturen der direkten Veränderungen in V eingepflegt werden müssen. Aus diesem Grund besteht die Berechnung von $\square V$ und damit die Wartung von OUTER JOIN Sichten i. A. aus 2 Schritten [LZ07][13].

1. Berechnung aller direkten Veränderungen $\triangle V^1$ bzw. $\triangledown V^1$ auf V mit anschließender Übertragung von $\triangle V^1$ auf bzw. Löschung von $\triangledown V^1$ von V^A.

2. Berechnung aller indirekten Veränderungen $\triangledown V^2$ bzw. $\triangle V^2$ auf V mit anschließender Übertragung von $\triangledown V^2$ auf bzw. Bereinigung von V^A um $\triangle V^2$.

Der gewartete Sichtzustand V^N kann deshalb infolge von Einfüge- bzw. Löschvorgängen auf einer Basisrelation zusammengefasst, wie in (9) notiert, berechnet werden. Dabei müssen die Veränderungen $\triangle R_i$ und $\triangledown R_i$ einzeln betrachtet werden, da $\triangle R_i$ eine Sichtwartung erster Art und $\triangledown R_i$ zweiter Art aus (9) erzwingt.

$$V^N = (V^A \cup \triangle V^1) \setminus \triangledown V^2 \text{ bzw. } V^N = (V^A \setminus \triangledown V^1) \cup \triangle V^2 \qquad (9)$$

Im Folgenden werden Ansätze verschiedener Arbeiten [GK98], [GM06] und [LZ07] zusammengeführt, um die Möglichkeiten der inkrementellen Wartung von materialisierten Sichten, definiert auf FULL OUTER Joins, zu veranschaulichen. Die Verfahren sind zum Teil zugleich zur Wartung von LEFT und RIGHT OUTER JOIN Sichten benutzbar. In [GK98] werden hierfür separate Gleichungen aufgestellt.

4.2.4.2 Berechnung der direkten Veränderungen

Betrachte man zunächst eine Sicht V, definiert auf zwei Basisrelationen R_1 und R_2. Eingefügte Tupel $\triangle R_1 \subseteq \square R_1$ können die folgenden, direkt ersichtlichen Veränderungen $\triangle V^1$ auf V hervorrufen. In der Tupeldarstellung gelten $n = \#(\alpha(\triangle R_1))$ und $m = \#(\alpha(\triangle R_2))$.

a) Tupel $(\triangle r_{1,1}, \ldots, \triangle r_{1,n}) \in \triangle R_1$, die keinen Verbundpartner in R_2 finden, müssen in V als Tupel der Form $(\triangle r_{1,1}, \ldots, \triangle r_{1,n}, NULL_{2,1}, \ldots, NULL_{2,m})$ eingefügt werden.

---

[13] In [LZ07] wird die Menge aller direkten Veränderungen als *primary delta* und die Menge aller indirekten Veränderungen als *secondary delta* bezeichnet.

b) Tupel $(\triangle r_{1,1}, \ldots, \triangle r_{1,n}) \in \triangle R_1$, die einen Verbundpartner $(r_{2,1}, \ldots, r_{2,m}) \in R_2$ finden, müssen in V als Tupel der Form $(\triangle r_{1,1}, \ldots, \triangle r_{1,n}, r_{2,1}, \ldots, r_{2,m})$ eingefügt werden.

Notwendige Wartungen an V nach dem Löschen von Tupeln ∇R_1 können ähnlich wie oben begründet werden. Löschvorgänge auf R_1 können folgende, direkte Einflüsse ∇V^1 auf V haben.

c) Tupel $(\nabla r_{1,1}, \ldots, \nabla r_{1,n}) \in \nabla R_1$, die keinen Verbundpartner in R_2 hatten, erfordern eine Löschung aller Tupel der Form $(\nabla r_{1,1}, \ldots, \nabla r_{1,n}, NULL_{2,1}, \ldots, NULL_{2,m})$ aus V.

d) Tupel $(\nabla r_{1,1}, \ldots, \nabla r_{1,n}) \in \nabla R_1$, die einen Verbundpartner $(r_{2,1}, \ldots, r_{2,m})$ in R_2 hatten, erfordern eine Löschung der Tupel der Form $(\nabla r_{1,1}, \ldots, \nabla r_{1,n}, r_{2,1}, \ldots, r_{2,m})$ aus V.

Diese direkten Veränderungen $\triangle V^1$ bzw. ∇V^1 können unter der Annahme von zwei Basisrelationen formal über einen LEFT OUTER Join, erzeugt werden. Finden die Veränderungen auf R_2 statt, sind die Berechnungsschritte und die Verwendung eine RIGHT OUTER JOIN ähnlich wie oben motivierbar. Die Berechnung von $\triangle V^1$ und ∇V^1 infolge von Veränderungen $\triangle R_1$, $\triangle R_2$ bzw. ∇R_1, ∇R_2 ist, basierend auf den relationalen Gleichungen zur Veränderungsberechnung aus [GK98], in (10) und entsprechend in (11) notiert. Die Menge $\triangle V^1$ muss zu V^A hinzugefügt und ∇V^1 entfernt werden.

$$\triangle V^1 = \triangle R_1 \bowtie^{lo} R_2 \text{ bzw. } \triangle V^1 = R_1 \bowtie^{ro} \triangle R_2 \quad (10)$$

$$\nabla V^1 = \nabla R_1 \bowtie^{lo} R_2 \text{ bzw. } \nabla V^1 = R_1 \bowtie^{ro} \nabla R_2 \quad (11)$$

Ist V auf OUTER Joins oder sogar zusätzlich auf LEFT oder RIGHT OUITER Joins zwischen mehr als zwei Basisrelationen $R_1, \ldots, R_n$ definiert, könnten die direkten Einflüsse auf V, infolge von Veränderungen $\triangle R_i$ oder ∇R_i auf einer Basisrelation R_i $(1 \leq i \leq n)$, über Kombinationen der Gleichungen aus (10) und (11) berechnet werden. Jedoch ist der Wartungssaufwand im Falle einer großen Anzahl von Veränderungen auf den Basistabellen enorm hoch, da die einzelnen Berechnungsschritte möglicherweise sehr komplexe Ausdrücke erzeugen [LZ07].

Ein effizienterer Weg zur Berechnung von $\triangle V^1$ bzw. ∇V^1 ist in [LZ07] vorgestellt und benutzt den Operatorenbaum von V. Die Idee hinter den Umformschritten ist dieselbe wie in a) bis d) motiviert. Indem zunächst jeder Verbund im Operatorenbaum so umgestellt wird, dass jeder Operand, welcher R_i referenziert, auf der linken Seite des zugehörigen Operators steht, wird das jeweilige Verbundergebnis nicht verändert und es können die folgenden Umformschritte vorgenommen werden. Beginnend bei der Basisrelation R_i wird der Pfad bis zur Wurzel des Baumes durchlaufen und jeder FULL OUTER Join durch einen LEFT OUTER Join ersetzt [LZ07]. Auf der rechten Seite eines Operators werden Tupel einer Relation R_j $(j \neq i)$ referenziert. Alle Tupel der Form $(NULL_{i,1}, \ldots, NULL_{i,n}, r_{j,1}, \ldots, r_{j,m})$ sind für die Berechnung von $\triangle V^1$ bzw. ∇V^1 uninteressant, da $\triangle R_i$ bzw. ∇R_i diese nicht verändert. Alle RIGHT OUTER Joins auf dem Baumpfad können aus demselben Grund durch INNER JOINS ersetzt werden [LZ07]. Es werden demnach nur die in a) bis d) spezifizierten Tupel in die Berechnung einbezogen und alle nicht zu $\triangle V^1$ bzw. ∇V^1 beitragenden Tupel ausgeschlossen. Ersetzt man zuletzt R_i durch $\triangle R_i$ bzw. ∇R_i, erhält man den Operatorenbaum zur Berechnung von $\triangle V^1$ bzw. ∇V^1 [LZ07].

Beispiel 5: Betrachte man die Sicht $V4 = R \bowtie_{(A=C)}^{fo} S$, ihren in Abbildung 7(a) dargestellten Operatorenbaum und die Veränderung $\triangle R$. Werden die oben genannten Umformungen durchgeführt, ergibt sich die in 7(b) dargestellte Form, aus welcher $\triangle V4^1 = \triangle R \bowtie_{(A=C)}^{lo} S$ folgt. Dasselbe Ergebnis erzielt die Anwendung von Gleichung (10).

fo
(A=C)
R
S
lo
(A=C)
△R
S

(a) Ausführungsbaum (b) Umformungsergebnis $\triangle V4^1$

Abb. 7[14]: Erzeugung von $\triangle V4^1$ aus V4

4.2.4.3 Berechnung der indirekten Veränderungen

Bei der Berechnung von $\triangle V^1$ oder $\triangledown V^1$ werden jedoch eventuell durchzuführende, indirekte Veränderungen auf V nicht beachtet. Diese stellen eine notwendige Bereinigung von $(V^A \cup \triangle V^1)$ um $\triangledown V^2$ aufgrund von e) bzw. eine Vervollständigung von $(V^A \setminus \triangledown V^1)$ um $\triangle V^2$ aufgrund von f) dar. Wieder betrachte man zunächst eine materialisierte Sicht V, definiert auf dem äußeren Verbund zwischen R_1 und R_2 und die Veränderungen $\triangle R_1$ bzw. $\triangledown R_1$.

e) Tupel der Form $(NULL_{1,1}, \ldots, NULL_{1,n}, r_{2,1}, \ldots, r_{2,m})$ müssen aus V gelöscht werden, wenn Tupel $(r_{2,1}, \ldots, r_{2,m}) \in R_2$ vor der Veränderung $\triangle R_1$ keinen Verbundpartner in R_1 hatten, nun aber aufgrund von b) einen solchen finden.

f) Tupel der Form $(NULL_{1,1}, \ldots, NULL_{1,n}, r_{2,1}, \ldots, r_{2,m})$ müssen in V eingefügt werden, wenn Tupel $(r_{2,1}, \ldots, r_{2,m}) \in R_2$ vor der Veränderung $\triangledown R_1$ einen Verbundpartner in R_1 hatten, nun aber aufgrund von d) keinen mehr finden, da $(r_{1,1}, \ldots, r_{1,n}) \in \triangledown R_1$ der einzige passende Verbundpartner in R_1 war.

Die Berechnung der indirekt hervorgerufenen Veränderungen $\triangledown V^2$ aufgrund von $\triangle R_1$ (wie in e) motiviert) bzw. $\triangle R_2$ kann formal, wie in (12) [GK98] dargestellt, mit Hilfe eines SEMI Joins, erfolgen. Damit wird die Menge der Tupel aus R_2, die einen Verbundpartner durch die Veränderung $\triangle R_1$ finden, gefiltert. Ihr bisheriges Erscheinen in V in der Form $(NULL_{1,1}, \ldots, NULL_{1,n}, r_{2,1}, \ldots, r_{2,m})$ muss entfernt werden und wird durch das NULL-Erweitern auf allen R_1-Attrinbute über das kartesische Produkt erzeugt. Analog gilt dies für $\triangledown V^2$ infolge von Einfügeoperationen $\triangle R_2$.

$$\triangledown V^2 = \{d_{R_1}\} \times (R_2 \ltimes \triangle R_1) \text{ bzw. } \triangledown V^2 = (R_1 \ltimes \triangle R_2) \times \{d_{R_2}\} \quad (12)$$

Die in f) beschriebenen, indirekt möglichen Veränderungen $\triangle V^2$ können, wie in der ersten Gleichung von (13) [GK98] notiert, berechnet werden. Durch die Verwendung des ANTI-SEMI Joins werden alle gelöschten, loyalen Tupel $\triangledown r_1^{loy} \in \triangledown R_1$ gefunden, d.h. die Tupel, die nach ihrem Löschen keinen Freund in R_1 zurücklassen. Wenn ein Tupel $r_{2,j} \in R_2$ $(1 \leq j \leq m)$ durch den Verbund mit einem loyalen Tupel $\triangledown r_1^{loy}$ in V^A abgebildet war, muss es nach dem Wartungsvorgang infolge der Löschung von $\triangledown r_1^{loy} \in \triangledown R_1$ als Tupel der Form $(NULL_{1,1}, \ldots, NULL_{1,n}, r_{2,1}, \ldots, r_{2,m})$ in V^N dargestellt werden, denn es existiert für $r_{2,j}$ kein anderes Tupel $r_{1,i} \in R_1$ $(1 \leq i \leq n)$ als Verbundpartner unter demselben Attributwert wie $\triangledown r_1^{loy}$. Analog gilt dies für $\triangle V^2$ infolge von Löschoperationen $\triangledown R_2$.

[14] Die Abbildung basiert auf der Darstellung der Umformungsschritte in [LZ07].

$$\triangle V^2 = \{d_{R_1}\} \times (R_2 \ltimes ((\triangledown R_1 \cap R_1) \bar{\ltimes} (R_1 \setminus \triangledown R_1))) \text{ bzw.}$$
$$\triangle V^2 = (R_1 \ltimes ((\triangledown R_2 \cap R_2) \bar{\ltimes} (R_2 \setminus \triangledown R_2))) \times \{d_{R_2}\} \quad (13)$$

Auch hier kann der Wartungsvorgang schnell ineffizient werden, wenn die vorgestellten Gleichungen angewandt werden, um die Wartung von Sichten, definiert auf OUTER Joins zwischen mehreren Basisrelationen $R_1, \ldots, R_n$, vorzunehmen oder wenn eine sehr große Anzahl von Tupeln auf R_i gelöscht oder eingefügt wird. Aus diesem Grund ist es in diesen Fällen besser den von Larson und Zhou [LZ07] vorgestellten Algorithmus zu benutzen, um $\triangledown V^2$ bzw. $\triangle V^2$ zu berechnen.

Dieser Wartungsalgorithmus baut auf der verbund-disjunktiven Normalform $V^{DNF} = E_1 \oplus E_2 \oplus \ldots \oplus E_m$ (englisch: *join-disjunctive normal form*) eines Sichtausdrucks V auf, in welcher jeder Teilausdruck E_k die Form $E_k = \sigma_{P_k}(R_{k,1} \times R_{k,2} \times \ldots \times R_{k,p})$ hat [LZ07]. Jeder Ausdruck E_k ist auf einer Anzahl von p Quellrelationen $\{R_{k,1}, \ldots, R_{k,p}\} \subseteq \{R_1, \ldots, R_n\}$ definiert. Ein Ausdruck E_k mit $Q_k = \{R_{k,1}\}$ repräsentiert die Tupel in V, welche auf allen Attributen außer den Attributen von $R_{k,1}$ $(1 \leq 1 \leq p, 1 \leq k \leq m)$ NULL sind. V^{DNF} kann mithilfe der in [Ga94] vorgestellten Regeln erzeugt werden.[15]

Mit der Erstellung des zu V^{DNF} gehörenden Subsumptionsgraphen, wie in [LZ07] definiert, kann die Berechnung von $\triangledown V^2$ bzw. $\triangle V^2$ effizient erfolgen. Er enthält für jeden Ausdruck E_k von V^{DNF} einen Knoten n_k, welcher der Menge der Quellrelationen $Q_k = \{R_{k,1}, \ldots, R_{k,p}\}$ von E_k entspricht. Es existiert eine gerichtete Kante von n_k zu n_l wenn Q_k eine minimale Obermenge von Q_l ist, d.h. es existiert kein weiterer Knoten n_m, sodass $Q_l \subset Q_m \subset Q_k$ [LZ07]. Ein Knoten n_k besitzt eine Menge $elt(n_k)$ von Elternknoten. Der Graph symbolisiert alle die Formen der Tupel, welche in V enthalten sein können und deren (Subsumptions-)Beziehungen zueinander.

Die Auswirkungen von Veränderungen $\triangle R_i$ oder $\triangledown R_i$ auf einer Basistabelle R_i, werden im Subsumptionsgraphen notiert, was den später benötigten Wartungsgraphen erzeugt. Ist $R_i \in Q_k$ eines Ausdrucks E_k, so wirkt sich eine Veränderung auf R_i direkt auf E_k aus. Eine indirekte Auswirkung auf E_k ist dann zu verzeichnen, wenn R_i in den Quellrelationen von mindestens einem Elternknoten von n_k enthalten ist, jedoch nicht in Q_k selbst. In allen anderen Fällen haben $\triangle R_i$ bzw. $\triangledown R_i$ keinen Effekt auf einen Ausdruck E_k. Die einzelnen Knoten des Graphen werden mit „direkt" und „indirekt", je nach Art der Beeinflussung bei einer Veränderung an R_i, markiert. Alle dabei unberührten Knoten des Graphen werden entfernt. Die Menge der direkt beeinflussten Eltern wird mit $elt_d(n_k)$, die Menge der indirekt beeinflussten Elternknoten mit $elt_i(n_k)$ bezeichnet. Es gilt demzufolge $elt(n_k) = elt_d(n_k) \cup elt_i(n_k)$ [LZ07].

Beispiel 6: Die verbund-disjunktive Normalform von $V4 = R \bowtie^{fo}_{(A=C)} S$ ergibt sich zu $V4^{DNF} = (R \bowtie_{(A=C)} S) \oplus R \oplus S = E_1 \oplus E_2 \oplus E_3$. Die Quelltabellen der Ausdrücke E_1, E_2 und E_3 sind somit $Q_1 = \{R, S\}$, $Q_2 = \{R\}$ und $Q_3 = \{S\}$. Finden Veränderungen auf R statt, so ergibt sich der Wartungsgraph, gezeichnet in Abbildung 8.

[15] Die Umformungsregeln sind in den Gleichungen (A1-1) bis (A1-3) im Anhang notiert.

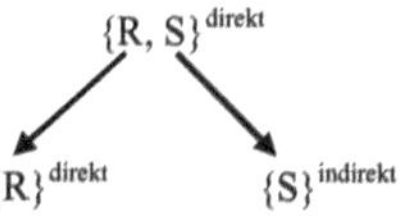

Abb. 8[16]: Wartungsgraph bei Veränderungen auf R

Aus dem Wartungsgraphen sind nun alle mit „indirekt" gekennzeichneten Knoten $n_k^{indirekt}$ für die Berechnung von ∇V^2 bzw. $\triangle V^2$ von Belang. Für jeden, zu einem solchen Knoten gehörenden Teilausdruck E_k werden die von der Sicht V zu löschenden $\nabla V(E_k)$ bzw. hinzuzufügenden Tupel $\triangle V(E_k)$ gefiltert. Die Vereinigung über alle $\nabla V(E_k)$ bzw. $\triangle V(E_k)$ ergibt ∇V^2 bzw. $\triangle V^2$ (k = 1, …, m).

Werden Tupel $\triangle R_i$ auf einer Basisrelation von V eingefügt, so berechnet sich die Menge der indirekten, von V zu entfernenden Veränderungen ∇V^2 über Gleichung (14)[17]. Der linke Operand ermittelt alle Tupel in der noch unvollständig gewarteten Sicht $V^A \cup \triangle V^1$, welche mindestens auf den Attributen der veränderten Relation R_i den NULL Wert annehmen (durch die Selektionsbedingung $n(S_k)$, wobei S_k die Menge der Relationen ist, auf deren Attributen die Tupel des Teilausdrucks E_k NULL sind). Der rechte Operand des SEMI Joins extrahiert alle Tupel aus $\triangle V^1$, die zu einem direkt beeinflussten Elternausdruck von E_k hinzugefügt wurden. Alle Tupel dieser linken Seite, welche mit einem neuen Tupel der rechten Seite in allen Attributen von Q_k überstimmen, sind solche wie in e) beschrieben und müssen somit aus $V^A \cup \triangle V^1$ entfernt werden.

$$\nabla V^2 = \bigcup_{n_k^{indirekt}} \nabla V(E_k) = \bigcup_{n_k^{indirekt}} \sigma_{nn(Q_k)\wedge n(S_k)}(V^A \cup \triangle V^1) \ltimes_{J(\alpha(Q_k))} \sigma_{P_k}(\triangle V^1)$$

$$\text{mit } P_k = \bigvee_{E_l \in elt_d(E_k)} nn(Q_i),\ i = 1, \ldots, m \qquad (14)$$

Gleichung (15)[17] notiert, wie $\triangle V^2$ infolge von Löschoperationen ∇R_i berechnet werden kann. Die linke Seite des Verbundes ermittelt alle Tupel aus der direkt entfernten Menge ∇V^1, welche aus einem Elternausdruck von E_k gelöscht wurden. Dies erzeugt alle aus V^A gelöschten Tupel, die nun möglicherweise in reduzierter Form in V repräsentiert werden müssen, da sie aufgrund des Löschvorgangs keinen Verbundpartner mehr finden. Der ANTI SEMI Join filtert, durch die Überprüfung der Übereinstimmung der Attribute $\alpha(Q_k)$ der Quellrelationen des Ausdrucks Q_k, alle Tupel aus dieser Menge, die in $V^A \setminus \nabla V^1$ aufgrund des Löschens eines loyalen Tupels in R_i nicht mehr als Verbund repräsentiert sind. Laut Annahme werden Duplikate dabei entfernt. Damit wird demzufolge dieselbe Idee umgesetzt, wie in f) und (13) beschrieben. Die Tupel der erzeugten Menge $\triangle V^2$ müssen, jeweils NULL-erweitert auf allen Attributen außer $\alpha(Q_k)$, zu $V^A \setminus \nabla V^1$ hinzugefügt werden.

$$\triangle V^2 = \bigcup_{n_k^{indirekt}} \triangle V(E_k) = \bigcup_{n_k^{indirekt}} \pi_{\alpha(Q_k)}(\sigma_{P_k}(\nabla V^1)) \,\overline{\ltimes}_{J(\alpha(Q_k))}(V^A \setminus \nabla V^1)$$

$$\text{mit } P_k \text{ wie in (14) definiert} \qquad (15)$$

[16] Die Abbildung basiert auf der Darstellung von Subsumptions-/Wartungsgraphen in [LZ07].

[17] Gleichungen (14) und (15) basieren auf den in [LZ07] präsentierten Gleichungen zur Berechnung der indirekten Veränderungen.

Beispiel 7: Es werden $V4 = R \bowtie^{fo}_{(A=C)} S$ mit V^{DNF}, E_i und Q_i (i = 1, 2, 3), wie in Beispiel 6 erarbeitet, und die Veränderungen $\triangle R = \{(1, 3), (6, 3), (8, 2)\}$ betrachtet. Die Berechnung der direkten Veränderungen mit Verfahren aus Kapitel 4.2.4.2 ergibt $\triangle V4^1 = \triangle R \bowtie^{lo} S = \{(1, 3, 1, 3, 5), (6, 3, NULL, NULL, NULL), (8, 2, 8, 2, 6)\}$, einzufügen auf $V4^A$. Die indirekt notwendigen Löschvorgänge $\nabla V4^2$ berechnet sich unter Anwendung von (14), wie nachstehend erklärt. Es muss $n_3^{indirekt} = \{S\}^{indirekt}$ betrachtet werden. Durch das Einfügen von $\triangle r_3 = (8, 2)$ findet das Tupel $(8, 2, 6) \in S$ einen Verbundpartner, weshalb {(NULL, NULL, 8, 2, 6)} aus $V4^A$ entfernt werden muss, da es durch (8, 2, 8, 2, 6) ersetzt wurde.

$$\begin{aligned}
\nabla V4^2 &= V4(\nabla E_3) \\
&= \sigma_{nn(S) \wedge n(R)} (V^A \cup \triangle V^1) \ltimes_{J(\alpha(S))} \sigma_{nn(\{R,S\})} (\triangle V^1) \\
&= \{(NULL, NULL, 8, 2, 6)\} \ltimes_{J(\alpha(S))} \{(1, 3, 1, 3, 5), (8, 2, 8, 2, 6)\} \\
&= \{(NULL, NULL, 8, 2, 6)\}
\end{aligned}$$

4.2.4.4 Offene Fragen

Obwohl die Datenintegration verteilter Datenbanken beispielsweise mit der Verwendung von OUTER Joins erfolgen kann und der von Larson und Zhou präsentierte Algorithmus so effizient ist, dass die Wartung nicht aufwändiger sein muss als die Wartung von SPJ Sichten [LZ07], erlauben die meisten Datenbanksysteme[18] bislang keine äußeren Verbundoperationen in der Definition von materialisierten Sichten [LZ07, Ha05]. Neben dem Grund der erhöhten Wartungskosten gibt es einige Einschränkungen und offene Fragen zu den bisher präsentierten Wartungsverfahren, deren Lösungen zur verbesserten Anwendbarkeit beitragen könnten. Bislang ist die Anwendung der in [LZ07], [GK98] und [GM06] gezeigten Wartungsalgorithmen nur unter der Prämisse des Verbotes von Selbstverbünden einer Relation (englisch: *self-joins*) möglich. Wie kann die inkrementelle Wartung von OUTER Join Sichten erfolgen, wenn eine Relation mehrmals in der Sichtdefinition referenziert wird? In [GK98] werden auch algebraische Ansätze zur Wartung infolge von gleichzeitigen Veränderungen auf mehreren Basisrelationen einer Sicht beschrieben. Könnte auch der Algorithmen aus [LZ07] auf diese Bedingung angepasst werden, sodass ihre Anwendbarkeit weniger Restriktionen unterliegt? Die Berechnungsschritte von [GK98] basieren komplett auf den Basisrelationen der Sicht. Könnten sie so umformuliert werden, dass auch der bereits berechnete Sichtinhalt in die Berechnung einbezogen wird, damit die Wartung aufgrund kleinerer Zwischenergebnisse effizienter durchgeführt werden kann? Wie könnten hierzu auch Fremdschlüssel, wie z.B. in [LZ07] gezeigt, zur Vereinfachung der Berechnung der direkten und indirekten Veränderungen ausgenutzt werden?

4.3 Wartungsverfahren für kombinierte Sichtdefinitionen

Die vorangegangen beschriebenen Verfahren zur inkrementellen Aktualisierbarkeit von einfachen Selektions-, Projektions-, Inner Join- und Outer Join Sichten können zusammengeführt werden, um Kombinationen oder komplette SPJ bzw. SPOJ Sichten[19] zu warten. Hierzu sei zunächst eine SPJ Sicht der Form $V = \pi_Y(\sigma_P(R_1 \bowtie_{J1} R_2 \bowtie_{J2} \ldots \bowtie_{Jn-1} R_n))$ betrachtet, deren distributive Eigenschaft ihrer Operatoren es abermals ermöglicht, ein inkrementelles Wartungsverfahren zur Berechnung von V^N herzuleiten. Die

[18] Oracle9i erlaubt die inkrementelle Wartung materialisierter OUTER JOIN Sichten, allerdings mit einigen Einschränkungen bzgl. der Sichtdefinitionen. Dazu sei auf [LS02] verwiesen.

[19] Materialisierte Sichten, die auf SELECT, PROJECT und INNER bzw. OOUTER JOINS definiert sind.

Berechnungsschritte für $n = 2$, also Sichten definiert auf zwei Basisrelationen R_1 und R_2, sind in (16) anhand der Veränderungen $\triangle R_2$ veranschaulicht.

$$\begin{aligned}
V^N &= \pi_Y(\sigma_P(R_1 \bowtie_{J1}(R_2 \cup \triangle R_2))) \\
V^N &= \pi_Y(\sigma_P((R_1 \bowtie_{J1} R_2) \cup (R_1 \bowtie_{J1} \triangle R_2))) \\
V^N &= \pi_Y(\sigma_P(R_1 \bowtie_{J1} R_2)) \cup \pi_Y(\sigma_P(R_1 \bowtie_{J1} \triangle R_2)) \\
V^N &= V^A \cup \pi_Y(\sigma_P(R_1 \bowtie_{J1} \triangle R_2)) \\
V^N &= V^A \cup \triangle V
\end{aligned} \tag{16}$$

Analog gilt dies für entfernte Tupel $\triangledown R_2$, sodass die Idee auch für die Gesamtmenge an Veränderungen $\square R_i$ mehrerer m Basisrelationen R_i ($1 \leq i \leq n$, $m < n$) zusammengefasst werden kann. Im Allgemeinen gilt, dass $\square V$ sich durch die Anwendung der Projektions- und Selektionsanweisungen der Sichtdefinition auf die Ergebnisse der durchzuführenden Verbundoperation zwischen der Menge der veränderten, neuen Tupeln $\square r_i \in \square R_i$ und den unveränderten, alten Tupeln r_i der Basisrelationen R_i errechnet. Allerdings ist es hierbei ausreichend, nur die relevanten Veränderungen in die Berechnung einzubeziehen und die irrelevanten vorher, wie in Kapitel 4.1 demonstriert, auszusortieren. Zur Wartung der Sicht V können demnach, anstelle der kompletten Mengen $\square R_i$, lediglich die relevanten Veränderungen $R_i^{OUT} \subseteq \square R_i$ benutzt werden ($i = 1, \ldots, n$). Zur Auswahl und Berechnung der durchzuführenden Verbundoperationen zwischen den relevanten R_i^{OUT} und ursprünglichen Relationen R_i kann eine Wahrheitstabelle, wie in Kapitel 4.2.3 beschrieben, aufgestellt und benutzt werden.

Das Verfahren zur inkrementellen Wartung von SPJ Sichten ist mit Algorithmus 1 zusammengefasst. Er kombiniert die zuvor vorgestellten, differenzierten Wartungsverfahren je nach Sichtdefinition, benutzt dazu als Grundlage den in [BLT86] formulierten Algorithmus zum Erzeugen der zu einem SPJ Ausdruck gehörenden Wahrheitstabelle und erweitert das Wartungsverfahren um die Verwendung von relevanten Veränderungen, sodass der Berechnungsaufwand weiter reduziert werden kann. Aufgrund der Projektion muss zusätzlich zu jedem Tupel $v \in V$ ein Vielfachheitszähler, wie in Kapitel 4.2.2 beschrieben, mitgeführt werden.

Algorithmus 1:

Input:

- SPJ Sicht der Form $V = \pi_Y(\sigma_P(R_1 \bowtie_{J1} R_2 \bowtie_{J2} \ldots \bowtie_{Jn-1} R_n))$
- Basisrelationen R_i ($i = 1, \ldots, n$) und deren Zustände
- Menge der relevanten Veränderungen $R_i^{OUT} \subseteq \square R_i$ aller m veränderten Relationen R_i ($1 \leq m \leq n$)

Vorgehen:

1. Setze für alle veränderten Relationen $\square R_i = R_i^{OUT}$
2. Erzeuge die Wahrheitstabelle mit n Spalten: jeweils eine Spalte bezeichnet mit B_i für jede Relation R_i

3. Berechne den zu jeder Zeile der Tabelle gehörenden SPJ Ausdruck nach folgenden Regeln[20]

   3.1. Wenn $B_i = 0$, benutze R_i (mit r_i.ACTION = OLD, $r_i \in R_i$) an der jeweiligen Stelle der Berechnung des durch die Wahrheitstabellenzeile repräsentierten Verbundes

   3.2. Wenn $B_i = 1$, benutze $\square R_i$ (mit $\square r_i$.ACTION = INSERT oder $\square r_i$.ACTION = DELETE, $\square r_i \in \square R_i$) an der jeweiligen Stelle der Berechnung des durch die Wahrheitstabellenzeile repräsentierten Verbundes

4. Selektiere alle die Zeilen aus der Wahrheitstabelle, in denen einer, mehrere oder alle Variablen B_i der m veränderten Relationen gleich 1 und alle Variablen der n - m unveränderten Relationen gleich 0 sind

5. Vereinige die in 3. berechneten Ergebnisse der zu den in 4. selektierten Zeilen gehörenden Verbünde zu $\square V$

6. Füge alle Tupel $\square v \in \square V$ mit $\square v$.ACTION = INSERT zu V^A hinzu

7. Entferne alle Tupel $\square v \in \square V$ mit $\square v$.ACTION = DELETE von V^A

Output:

- Gewarteter Sichtzustand $V^N = V^A \diamond \square V$ infolge der m Veränderungen $\square R_i$

Beispiel 8: Um Algorithmus 1 zu veranschaulichen, wird die Beispielsicht $V1 = \pi_{A,B,D}(\sigma_{(B<E)\wedge(D\leq B)\wedge(A<5)}(R \bowtie_{(A=C)} S))$, wie in Kapitel 1.6 definiert, betrachtet. Es finden Veränderungen $\square S = \{(3, 8, 7)^I, (3, 2, 9)^I, (4, 4, 6)^I, (5, 6, 7)^I, (3, 8, 9)^D\} = \{\square s_j \mid j = 1, \ldots, 5\}$ statt. Die zugehörige Wahrheitstabelle und der durch jede Zeile symbolisierte SPJ Ausdruck sind in Abbildung 9 aufgeführt.

B_R	B_S	
0	0	$\pi_{A,B,D}(\sigma_{(B<E)\wedge(D\leq B)\wedge(A<5)}(R \bowtie_{(A=C)} S))$
1	0	$\pi_{A,B,D}(\sigma_{(B<E)\wedge(D\leq B)\wedge(A<5)}(\square R \bowtie_{(A=C)} S))$
0	1	$\pi_{A,B,D}(\sigma_{(B<E)\wedge(D\leq B)\wedge(A<5)}(R \bowtie_{(A=C)} \square S))$
1	1	$\pi_{A,B,D}(\sigma_{(B<E)\wedge(D<B)\wedge(A<5)}(\square R \bowtie_{(A=C)} \square S))$

Abb. 9: Wahrheitstabelle für die SPJ Sicht V1 mit zwei Basisrelationen R und S

Da aus Beispiel 1 bekannt ist, dass nur $\square s_2 = (3, 2, 9)^I$, $\square s_3 = (4, 4, 6)^I$ und $\square s_5 = (3, 8, 9)^D$ relevante Veränderungen für V1 darstellen, kann $\square S$ auf die Menge $S^{OUT} = \{\square s_2, \square s_3, \square s_5\}$ beschränkt werden. Das Ergebnis des Algorithmus ist der 3. Zeile der Wahrheitstabelle zu entnehmen. Eine Vereinigung von Teilergebissen entfällt somit. Mit $\square S = S^{OUT}$ ergibt sich die Menge der Sichtveränderungen $\square V1 = \pi_{A,B,D}(\sigma_{(B<E)\wedge(D\leq B)\wedge(A<5)}(R \bowtie_{(A=C)} \square S)) = \{(3, 8, 2)^I, (3, 8, 8)^D\}$, denn lediglich $\square s_2$ und $\square s_5$ tragen tatsächlich dazu bei, dass V1 gewartet werden muss. Tupel $\square s_3$ findet keinen Verbundpartner in R. Um die aktualisierte Sicht $V1^N$ zu erhalten, wird $\square V1$ auf $V1^A$ angewandt, d.h. $V1^N = V1^A \diamond \square V1$. Das Tupel (3, 8, 2) wird eingefügt und (3, 8, 8) gelöscht.

[20] Der jeweilige ACTION Wert der errechneten Tupel der Sichtveränderung $\square V$ wird mit den zugehörigen Rechenregeln aus den Kapiteln 4.2.1, 4.2.2 und Abbildung 5 mitgeführt.

Fänden, zusätzlich zu □S, Veränderungen □R statt, so ergäbe sich □V1 aus der Vereinigung über die Ergebnismengen der mit den Zeilen 2, 3 und 4 korrespondierenden SPJ Ausdrücke.

Zur Wartung von SPOJ Sichten können die unter Kapitel 4.2 vorgestellten Verfahren ebenso kombiniert werden, sodass alle Projektions- und Selektionsbedingungen auf die zuvor errechneten, direkten und indirekten Veränderungen, wie in Kapitel 4.2.4 dargestellt, angewandt werden. Auch hier wäre ein vorheriges Aussortieren alle irrelevanten Veränderungen denkbar. Im Allgemeinen gilt, dass eine Kombination der oben betrachteten, einfachen Sichtdefinitionen durch die entsprechende Anwendung und Zusammenführung ihrer Wartungsalgorithmen gewartet werden kann.

4.4 Weitere Möglichkeiten zur Effizienzsteigerung

Durch das Aussortieren von irrelevanten Veränderungen vor der Anwendung einer Wartungsalgorithmus kann der Berechnungsaufwand bereits reduziert werden. Der Algorithmus zur Wartung von INNER Join und damit auch SPJ Sichten kann jedoch noch effizienter gestaltet werden, indem für die zu erzeugende Wahrheitstabelle nur die Ergebnisse der tatsächlich benötigten Zeilen berechnet werden. Somit müssen nicht 2^n, sondern 2^m Zeilen aufgestellt werden, wenn m die Anzahl der veränderten Basisrelationen $R_1, \ldots, R_n$ ist $(1 \leq m \leq n)$ [BLT86].

Die vorgestellten Algorithmen bieten einen Ansatzpunkt zur Anwendung von MQO-Techniken und die Ausnutzung der dadurch möglichen Effizienzvorteile, wie in Kapitel 3.2.1 genannt. Zwischenergebnisse der Berechnung könnten bei der Erzeugung von □V unter Algorithmus 1 mehrfach benutzt werden oder aufeinander aufbauen, sodass die redundante, wiederholte Berechnung gleicher Ausdrücke umgangen werden kann.

4.5 Fazit und offene Fragen

Durch das Aussortieren irrelevanter Veränderungen vor der Anwendung eines Wartungsalgorithmus' kann die Berechnungsaufwand reduziert und eine inkrementelle Sichtwartung dadurch noch performanter gestaltet werden. Indem irrelevante Veränderungen nicht in die Berechnungen einbezogen werden, sind erzeugte Zwischenergebnisse im Wartungsvorgang kleiner, wodurch die Wartung schneller ausgeführt werden kann. Dieser Effizienzvorteil ist jedoch gegenüber dem Berechnungsaufwand zum vorherigen Filter der irrelevanten Veränderungen abzuwiegen.

Die in der vorliegenden Arbeit betrachteten Sichtdefinitionen decken nicht alle Möglichkeiten von Sichtausdrücken ab. Ob und wenn ja, wie z. B. auch materialisierte Sichten, welche Aggregations- oder Gruppierungsanweisungen enthalten, durch Anpassungen der vorgestellten Algorithmen inkrementell aktualisiert werden können, ist ein weiter Aspekt, der im Zusammenhang mit der inkrementellen Wartung materialisierter Sichten bearbeitet werden könnte. Besonders die Anwendbarkeit, Effizienz und Performance der Verfahren zur Wartung komplexerer Sichtdefinitionen, welche beispielsweise OUTER JOIN, AGGREGATION und/oder GROUP BY Ausdrücke enthalten, bei einer zugleich großen Datenbasis, steht bei der Entscheidung und Abwägung kompletter Neuberechnung gegenüber inkrementeller Wartung im Vordergrund. Dies ist zudem auch immer abhängig von der Größe der stattgefundenen Veränderungen und den Anforderungen der Benutzer an das Datenbanksystem.

5 Verzögerte Wartungsstrategie

5.1 Allgemeines Wartungsschema

Findet die Wartung materialisierter Sichten in einem Datenbanksystem verzögert statt, so werden Veränderungen der Basisrelationen außerhalb der verändernden Transaktionen auf den Sichten nachvollzogen, sodass Updates nicht die Wartungskosten tragen müssen.[21] Immer wenn die verzögerte Wartung einer Sicht V stattfinden soll, muss zunächst überprüft werden, ob Veränderungen auf den Basisrelationen stattgefunden haben, sodass eine Wartung von V notwendig wird. Ist dies der Fall, müssen alle stattgefundenen Veränderungen $\triangle R_i$ bzw. $\triangledown R_i$ der Basisrelationen aus den entsprechenden Veränderungstabellen $\Box R_i$ und die Inhalte der unveränderten Relationen gelesen werden[22]. Die errechneten Sichtveränderungen $\Box V$ müssen in den ungewarteten Sichtzustand V^A eingepflegt werden [Ka+97]. Es gilt deshalb i. A. weiterhin $V^N = V^A \diamond \Box V$.

5.2 Grundlagen

5.2.1 Annahmen

Das nachstehend erläuterte Vorgehen zur verzögerten Wartung materialisierter Sichten baut auf grundlegende Ansatzpunkte bzw. Verfahren der Arbeit von Zhou, Larson und Elmongui [ZLE07] auf. Diese basieren auf der Annahme, dass das benutzte Datenbanksystem *Snapshot Isolation* mit Tupelversionierung (englisch: *row versioning*) erlaubt, welche zur Ausführung des Verfahrens benötigt werden.

5.2.2 Transaktionen unter Snapshot Isolation und Tupelversionierung

Eine Transaktion ist ein logischer Datenbankprozess, welcher aus einer untrennbaren Abfolge von Datenbankoperationen besteht, d.h. es werden entweder alle oder keine ihrer Operationen ausgeführt. Dies können Einfüge-, Lösch-, Modifikations- oder Abfrageoperationen sein [EN06].

Unter Snapshot Isolation wird garantiert, dass alle Operationen einer Transaktion auf demselben Zustand der Datenbank durchgeführt werden. Diese Momentaufnahme spiegelt den konsistenten Datenbankzustand zu Beginn der Transaktion wider [CRF08] und wird durch die Erstellung von Tupelversionen erzeugt. Dabei erhält jede Transaktion eine eindeutige Transaktionsnummer TN und, im Falle des erfolgreichen Beendens, eine Commit-Nummer CN zugeordnet, welche mit Hilfe eines Zählers inkrementiert werden. Finden Veränderungen an einem Tupel einer Relation statt, so werden die Tupelversionen mit der jeweils dazugehörigen, verändernden TN im Versionsspeicher aufgezeichnet. Eine Transaktion führt ihre Operationen dann auf den aktuellsten Tupelversionen aus, d.h. auf den Zuständen, wie sie zu Beginn der Transaktion festgestellt wurden und deren TN kleiner ist als ihre eigene TN. Eine Transaktion wird jedoch nur dann erfolgreich abgeschlossen, wenn keine ihrer durchgeführten Veränderungen mit gleichzeitigen Veränderungen anderer, nebenläufiger Transaktionen in Konflikt stehen. Ansonsten wird die Transaktion zurückgesetzt [CRF08]. Durch die Verwendung von Snapshot Isolation mit Tupelversionserstellung wird die Wahrscheinlichkeit des Auftretens möglicher Probleme wie *Deadlocks* oder *Starvation*, welche durch gesetzte Lese- und Schreibblockaden

[21] Die Klassifizierung der drei verschiedenen, verzögerten Wartungszeitpunkte ist in Kapitel 3.3.3 zu finden.

[22] Dies ist im Falle von selbstwartbaren Sichten oder nur einer Basisrelation von V nicht der Fall [Ka+97].

bei der Verwendung von Sperrverfahren (englisch: *locking protocols*) entstehen können, reduziert. Allerdings ist die Ausführung von Transaktionen unter Snapshot Isolation, aufgrund des notwendigen *Rollbacks* bei isolierten, gleichzeitigen Veränderungen eines Tupels durch mehrere Transaktionen, nicht serialisierbar.[23]

5.2.3 Wartungsaufträge

Um eine Sicht V nicht sofort, mit den verändernden Transaktionen auf den ihr zugrunde liegenden Basisrelationen R_i warten zu müssen, ist es notwendig alle zur verzögerten Wartung benötigten Informationen in einem Wartungsauftrag für V abzuspeichern. Wird dieser Wartungsauftrag später ausgeführt, so sollten seine Auswirkungen auf V dieselben sein wie nach einer sofortigen Aktualisierung [ZLE07].

Sobald eine Transaktion T erfolgreich endet, wird für jede Sicht V, welche eine durch T veränderte Relation R_i referenziert, ein Wartungsauftrag $WA^{V,T}$ angelegt. $WA^{V,T}$ enthält die Menge der veränderten Basisrelationen, die jeweilige Transaktionsnummer TN und Commit-Nummer CN der verändernden Transaktion T, sowie den Status des Wartungsauftrages (unerledigt, in Bearbeitung oder erledigt) [ZLE07].

Die Ausführungsreihenfolge der Wartungsaufträge für V ist von großer Bedeutung. Um das korrekte Ergebnis der verzögerten Wartung zu garantieren, werden die Wartungsaufträge entsprechend der Commit-Reihenfolge ihrer ursprünglichen Transaktionen ausgeführt. Dadurch ist der Sichtzustand von V nach einer verzögerten Wartung und Übertragung aller Veränderungen durch die Transaktionen T1, ..., Tm derselbe wie nach einer sofortigen Übertragung der jeweiligen Veränderungen innerhalb der zugehörigen Transaktionen T1, ..., Tm.

Beispiel 9: Gegeben seien die materialisierte Sicht V5 und ihre Basisrelationen R, S, definiert und instanziiert wie in Kapitel 1.6. V5 sei genauso definiert wie die Ausgangssicht V1. Zusätzlich sei jedoch angenommen, dass bei der Definition von V5 ein sich automatisch inkrementierender Schlüssel VKEY[24] hinzugefügt wurde, wodurch jedes Tupel eindeutig identifizierbar ist (Abbildung 10(a)). Es werden die Transaktionen T1 bis T5 zu fünf verschiedenen, aufeinander folgenden Zeitpunkten t1 bis t5 ausgeführt, woraus sich die in Abbildung 10(b) und 10(c) dargestellten Veränderungstabellen □R, □S und die Wartungsaufträge $WA^{V5,Ti}$ (i = 1, ..., 5) an V5 ergeben.

T1 = INSERT(S, {(3, 8, 7)})
T2 = INSERT(S, {(3, 2, 9), (4, 4, 6), (5, 6, 7)})
T3 = MODIFY(S, (A = 1), D := D-1),
T4 = MODIFY(S, (A = 1), D := D-1)
T5 = INSERT(R, {(2, 4)})

[23] Ein Transaktions-Isolationsverfahren mit den Vorteilen der Verwendung von Snapshot Isolation, welches aber zugleich serialisierbar ist, wird in [CRF08] vorgestellt.
[24] Dieser Schlüssel kann beispielsweise durch das Schlüsselwort AUTO_INCREMENT bei der Schlüsselfestlegung in der Sichtdefinition erzeugt werden. Ist dies im jeweiligen Datenbankmanagementsystem nicht ermöglicht, kann ein Autoinkrement-Schlüssel auch mit Hilfe einer Sequenz oder eines Triggers gebildet werden.

V5			
VKEY	**A**	**B**	**D**
1	1	4	3
2	2	3	3
3	2	3	2
4	3	8	8

(a) Sichtzustand von V5 mit Schlüsselattribut VKEY

□R				
A	**B**	**ACTION**	**TN**	**ON**
2	4	INSERT	0105	1

□S					
C	**D**	**E**	**ACTION**	**TN**	**ON**
3	8	7	INSERT	0101	1
3	2	9	INSERT	0102	1
4	4	6	INSERT	0102	2
5	6	7	INSERT	0102	3
1	3	5	DELETE	0103	1
1	2	5	INSERT	0103	2
1	2	5	DELETE	0104	1
1	1	5	INSERT	0104	2

(b) Veränderungstabellen für R und S infolge sie verändernder Transaktionen T1 bis T5

	Wartungsaufträge				
	Sicht	**Basisrelationen**	**TN**	**CN**	**Status**
$WA^{V5,T1}$	V5	{S}	0101	0051	unerledigt
$WA^{V5,T2}$	V5	{S}	0102	0052	unerledigt
$WA^{V5,T3}$	V5	{S}	0103	0053	unerledigt
$WA^{V5,T4}$	V5	{S}	0104	0054	unerledigt
$WA^{V5,T5}$	V5	{R}	0105	0055	unerledigt

(c) Erzeugte Wartungsaufträge infolge von T1 bis T5

Abb. 10: Anfänglicher Sichtzustand V5, Veränderungstabellen □R, □S und daraus resultierende Wartungsaufträge infolge von T1 bis T5

5.3 Berechnen von Sichtveränderungen

Die für die verzögerte Wartung einer Sicht V, definiert auf den Basisrelationen $R_1, \ldots, R_n$, benötigten und zu berechnenden Sichtveränderungen □V infolge von Transaktionen Tj (j = 1, …, m) werden durch das Abarbeiten aller unerledigten Wartungsaufträge $WA^{V,Tj}$ erlangt. Aus der Liste der Wartungsaufträge ist bekannt, welche Transaktionen T1, …, Tm zu Veränderungen auf V führen können. Die für die Berechnung von □V($WA^{V,Tj}$), definiert als die durch einen Wartungsauftrag $WA^{V,Tj}$ erzeugte Sichtveränderung □V, benötigten Veränderungen □$R_{i,j}$ ($1 \leq i \leq n$, $1 \leq j \leq m$, □$R_{i,j} \subseteq$ □R_i) infolge der Transaktion Tj können den jeweiligen Veränderungstabellen □R_i anhand der zugehörigen Transaktionsnummer TN_j entnommen und auf den entsprechenden Versionen der Basisrelationen durchgeführt werden [ZLE07]. Diese werden vom Versionsspeicher, unter der Annahme von Snapshot Isolation und Tupelversionierung, zur Verfügung gestellt. Um die durch $WA^{V,Tj}$ hervorgerufenen Veränderungen □V($WA^{V,Tj}$) auf V zu berechnen, können zum Beispiel die in Kapitel 4 vorgestellten, inkrementellen Wartungsalgorithmen benutzt werden. Durch jede Transaktion Tj wird eine Datenmenge $\square V_j$ erzeugt, welche auf V übertragen werden muss. Dabei wird eine MODIFY Operation, resultierend aus zwei Tupeln in $\square R_i$, auch in $\square V$ weiterhin durch die Abfolge einer DELETE und INSERT Operationsanweisung und den dazugehörigen Werten für das jeweilige Sichttupel repräsentiert. Eine komplette Neuberechnung von V infolge jeder Transaktion Tj ist ebenfalls möglich.

Wurde seit der letzten Wartung von V eine Anzahl m kleinerer Wartungsaufträge $WA^{V,Tj}$ ($j = 1, \ldots, m$) wegen Veränderungen der Basisrelationen $R_1, \ldots, R_n$ angehäuft, so bestünde die naive verzögerte Wartung der Sicht darin, die aus jedem Wartungsauftrag $WA^{V,Tj}$ resultierenden Sichtveränderungen $\square V(WA^{V,Tj})$ nacheinander, wie voran stehend beschrieben, zu berechnen und separat auf V anzuwenden. Effizienter scheint es, sie miteinander zu einem größeren Auftrag $WA^{V,T0}$ zu kombinieren, wobei T0 die Zusammenausführung der einzelnen, nach Transaktionsnummern TN geordneten Transaktionen T1 bis Tm ist. T0 beginnt also mit der Transaktionsnummer der zuerst durchgeführten Transaktion T1 (unter der Annahme, dass T1 die niedrigste Transaktionsnummer hat) und endet mit der Commit-Nummer der zuletzt erfolgreich abgeschlossenen Transaktion Tm (unter der Annahme, dass Tm die höchste Commit-Nummer besitzt). Die Operationen innerhalb der Transaktionen Tj werden nach ihren Operationsnummern ON sortiert [ZLE07]. Ein Konflikt zwischen mehreren, nebenläufigen Transaktionen Tj, die Veränderungen auf demselben Tupel einer Basisrelation vornehmen, ist nicht möglich, da die verändernden Transaktionen unter der Annahme der Snapshot Isolation bereits vorher zurückgesetzt worden wären. T1 bis Tm sind deshalb konfliktfrei und können zu T0 kombiniert werden.

Durch das einmalige Anwenden eines Wartungsalgorithmus' auf die gesamten Veränderungen $\square R_1, \ldots, \square R_n$ infolge von $WA^{V,T0}$, kann $\square V(WA^{V,T0})$ ohne das wiederholte Anwenden von ähnlichen oder gleichen Wartungsschritten durch die $WA^{V,Tj}$ erzeugt werden. Gleichung (17) notiert, dass das Ergebnis von $\square V(WA^{V,T0})$ das gleiche ist, wie das durch die Vereinigung aller Teilergebnisse $\square V(WA^{V,Tj})$ erzeugte.

$$\square V(WA^{V,T0}) = \bigcup_{j=1}^{m} (\square V(WA^{V,Tj})) \qquad (17)$$

Beispiel 10: Anknüpfend an Beispiel 9 können die einzelnen Transaktionen T1 bis T5 zu einer größeren Transaktion T0 zusammengefasst und damit ein gemeinsamer Wartungsauftrag $WA^{V5,T0}$ erzeugt werden. T0 bewirkt Veränderungen $\square R$, $\square S$ auf den Basisrelationen R und S. Die auf V zu übertragenden Sichtveränderungen $\square V5(WA^{V5,T0})$ zur Erzeugung von $V5^N$ können mithilfe der einmaligen Anwendung eines Wartungsalgorithmus' berechnet werden. Bei diesem Beispiel bietet sich der in Kapitel 4.3 vorgestellte Algorithmus an. Dasselbe Ergebnis für $V5^N$ wird erzielt, wenn die durch die Transaktionen Tj ($j = 1, \ldots, 5$) hervorgerufenen Veränderungen $\square V5(WA^{V5,Tj})$ einzeln berechnet und auf $V5^A$ übertragen werden. Die auf $V5^A$ durchzuführenden Wartungsoperationen aufgrund der durch T1 bis T5 erzeugten Sichtveränderungen $\square V5$ sind in Abbildung 11 notiert. Die markierten Gruppen rechts im Bild bleiben zunächst unbeachtet.

	□V5							
	VKEY	A	B	D	ACTION	TN	ON	
□V5(WA^{V5,T3})	1	1	4	3	DELETE	0103	1	□V5$^{1}_{(key-ident)}$
	1	1	4	2	INSERT	0103	2	
□V5(WA^{V5,T4})	1	1	4	2	DELETE	0104	1	
	1	1	4	1	INSERT	0104	2	
□V5(WA^{V5,T2})	5	3	8	2	INSERT	0102	1	□V5$^{2}_{(key-ident)}$
□V5(WA^{V5,T5})	6	2	4	3	INSERT	0105	1	□V5$^{3}_{(key-ident)}$

Abb. 11: Hervorgerufene und zu übertragende Veränderungen an V5

5.3 Redundante Sichtveränderungen

5.3.1 Entstehung

Wurde die Menge der auf eine Sicht V zu übertragenden Veränderungen □V berechnet, so ist es möglich, dass mit ihr redundante Operationen auf V erzeugt werden. Dies ist beispielsweise dann der Fall, wenn aufgrund mehrerer Veränderungen desselben Tupels einer Basisrelation durch diverse Transaktionen auch jeweils, für die auf ihr definierte Sicht V, eine oder mehrere vorzunehmende Aktualisierungsoperationen □v∈□V erzeugt werden. Die auf V durchzuführenden Aktualisierungen können deshalb mehrere Veränderungen auf demselben Sichttupel beinhalten. Aber auch Veränderungsoperationen an verschiedenen Tupeln einer oder unterschiedlichen Basisrelationen können eine Wartung desselben Sichttupels bewirken [ZLE07] (beispielsweise in einer einfachen Projektionssicht, wie in Beispiel 2).

5.3.2 Umgehen redundanter Wartungsoperationen

Alle auf V durchzuführenden, redundanten Veränderungsvorgänge sollten verhindert werden, um die Wartungsdauer zu verkürzen und somit die verzögerte Wartung effizienter auszuführen. Es ist dabei wichtig, dass die Veränderungen an V in der korrekten Reihenfolge ausgeführt werden, um das richtige Endergebnis zu erzielen. Jedoch ist es nicht nötig mehrfache Veränderungen desselben Tupels einer Sicht hintereinander auf V durchzuführen, da alle Änderungen vor dem Erreichen des Endzustandes des Datensatzes, infolge von mehreren Transaktionen, ignoriert werden können. Lediglich die Wartungsvorgänge, welche das Tupelendergebnis erzeugen, sind für die Beendigung der verzögerten Wartung von Interesse. Aus diesem Grund können die Zwischenschritte ausgelassen werden. Dies ist allerdings nur dann sicher möglich, wenn keine laufenden Transaktionen oder noch unerledigte Wartungsaufträge die durch die Zwischenergebnisse erzeugten Zwischenzustände der Sicht V benötigen [ZLE07].[25]

Um redundante Sichtveränderungen aus dem Wartungsvorgang auszuschließen, muss die Datenmenge der auszuführenden Sichtveränderungen □V zunächst nach dem Sichtschlüssel, TN, ON und ACTION sortiert werden. Dadurch wird sichergestellt, dass alle Veränderungen auf denselben Tupeln der materialisierten Sicht gruppiert beieinander liegen. Es entstehen p Gruppen von Veränderungsanweisungen □V$^{k}_{(key-ident)}$⊆□V (k = 1, …, p), welche identische Schlüsselwerte enthalten. Dies sind demzufolge Veränderungen an V, die an demselben Tupel stattfinden. Die Sortierung nach den Werten der ACTION Spalte veranlasst, dass DELETE vor

[25] Dies ist z.B. dann der Fall, wenn eine noch nicht gewartete Sicht U die Sicht V in ihrer Sichtdefinition referenziert und für die Wartung von U Zwischenergebnisse der Tupel von V, aufgrund der Ausführungsreihenfolge von verändernden Transaktionen auf U und V, benötigt werden.

INSERT Anweisungen ausgeführt werden [ZLE07]. Die durchzuführenden Schritte zum Aussortieren aller redundanten Wartungsvorgänge aus $\square V$ lassen sich mit Algorithmus 2 zusammenfassen.[26] Erklärungen zu einzelnen Schritten sind jeweils in Klammern notiert.

Algorithmus 2:

Input:

- Sortierte Menge der Wartungsvorgänge $\square V$ an V und damit
- Gruppen $\square V^{k}_{(key\text{-}ident)} \subseteq \square V$ ($k = 1, \ldots, p$, p = Anzahl der Gruppen)
- Erster Eintrag Z^{e} und letzter Eintrag Z^{l} von $\square V^{k}_{(key\text{-}ident)}$ (wobei $Z^{e} = Z^{l}$ identisch, wenn Anzahl der Tupel in $\square V^{k}_{(key\text{-}ident)}$ gleich 1)

Vorgehen:

1. Setze $k = 1$ (beginne bei $\square V^{1}_{(key\text{-}ident)}$)
2. Wenn $Z^{e} \neq Z^{l}$ (Anzahl der Tupel in $\square V^{k}_{(key\text{-}ident)} > 1$, d. h. mehrere Veränderungen an einem identischen Sichttupel), dann
   - 2.1. Wenn Z^{e}.ACTION = INSERT und Z^{l}.ACTION = INSERT, dann komprimiere $\square V^{k}_{(key\text{-}ident)}$ auf Z^{l} und füge Z^{l} zu $\square V^{rel}$ hinzu
   - 2.2. Wenn Z^{e}.ACTION = INSERT und Z^{l}.ACTION = DELETE, dann entferne $\square V^{k}_{(key\text{-}ident)}$ komplett und füge nichts zu $\square V^{rel}$ hinzu
   - 2.3. Wenn Z^{e}.ACTION = DELETE und Z^{l}.ACTION = INSERT, dann komprimiere $\square V^{k}_{(key\text{-}ident)}$ auf Z^{e} und Z^{l} und füge Z^{e} und Z^{l} zu $\square V^{rel}$ hinzu
   - 2.4. Wenn Z^{e}.ACTION = DELETE und Z^{l}.ACTION = DELETE, dann komprimiere $\square V^{k}_{(key\text{-}ident)}$ auf Z^{l} und füge Z^{l} zu $\square V^{rel}$ hinzu
3. Sonst (wenn $Z^{e} = Z^{l}$) füge Z^{e} zu $\square V^{rel}$ hinzu (da einzige Veränderung an dem Sichttupel)
4. Wenn $k = p$, dann springe zu 7 (letzte Gruppe durchlaufen)
5. Sonst setze $k = k + 1$ (betrachte die nächste Gruppe von Sichtveränderungen)
6. Weiter mit 2.
7. Fertig. Gib V^{rel} zurück.

Output:

- Um redundante Veränderungen bereinigte Menge der relevanten Wartungsvorgänge $\square V^{rel}$ (wobei $\square V^{rel} \subseteq \square V$)

Die erzeugte Menge der relevanten, durchzuführenden Wartungsoperationen $\square V^{rel}$ auf Tupeln von V, infolge von Veränderungen an ihren Basisrelationen durch Transaktionen, ist in auf V^{A} zu übertragen. Bei Operationen auf demselben Sichttupel, d.h. Sichtveränderungen innerhalb

[26] Algorithmus 2 wurde auf Grundlage der in [ZLE07] präsentierten Idee der Bündelung von Sichtveränderungen mithilfe von Gruppen aufgestellt.

einer Gruppe in □V^{rel}, müssen DELETE Wartungsanweisungen vor INSERT Anweisungen ausgeführt werden.

Beispiel 11: In Abbildung 11 sind die drei, durch Sortierung entstandenen Gruppen □$V5^{k}_{(key\text{-}ident)}$ (mit k = 1, 2, 3) der Sichtveränderungen □V5 bereits rechts markiert. Wendet man den oben beschriebenen Algorithmus an, so lässt sich □$V5^{1}_{(key\text{-}ident)}$ auf die erste und letzte Einträge komprimieren. Der zweite und dritte Eintrag stellen redundante Veränderungen dar, da sie nicht zum Tupelendergebnis beitragen. Die zugehörigen Veränderungsvorgänge an V5 können also ignoriert werden. Da □$V5^{2}_{(key\text{-}ident)}$ und □$V5^{3}_{(key\text{-}ident)}$ jeweils nur eine Veränderung bzw. einen Eintrag enthalten, können sie nicht weiter komprimiert werden, sodass sich zusammengefasst □$V5^{rel}$ in Abbildung 12 ergibt.

□$V5^{rel}$						
VKEY	**A**	**B**	**D**	**ACTION**	**TN**	**ON**
1	1	4	3	DELETE	0103	1
1	1	4	1	INSERT	0104	2
5	3	8	2	INSERT	0102	1
6	2	4	3	INSERT	0105	1

Abb. 12: Um redundante Wartungsoperationen bereinigte Sichtveränderungen □$V5^{rel}$

5.4 Weitere Möglichkeiten zur Effizienzsteigerung

Neben der oben vorgestellten Möglichkeit zur Umgehung redundanter Wartungsschritte gibt es noch weitere Aspekte, welche zur effizienten Anwendung einer verzögerten Wartungsstrategie betrachtet werden sollten. Die Wahl der Wartungsreihenfolge mehrerer Sichten ist ein Aspekt, welcher besonders die träge Wartungsstrategie effizienter gestalten kann. Wie in Kapitel 3.3.3 definiert, kann die träge Wartung einer Sicht V zum Beispiel stattfinden, wenn das Datenbankmanagementsystem freie Zyklen zur Verfügung hat. Welche Sichten in dieser Zeit gewartet werden sollen, kann in diesem Fall frei entschieden werden. Um eine Sichtwartungsreihenfolge zu bestimmen, könnten den Sichten beispielsweise Prioritäten zugeordnet werden. Eine Sicht, welche häufig zur Auswertung von Anfragen benutzt wird kann so vor einer anderen Sicht, die seltener benutzt wird, gewartet werden. Statistiken auf Basis der historischen Nutzungshäufigkeiten können dazu dienen, diese Prioritäten für die jeweiligen Sichten in einem Datenbanksystem festzulegen [ZLE07]. Findet die Sichtwartung von V dadurch statt bevor V in einer Anfrage benutzt wird, ist der Wartungsvorgang für Anfragen transparenter, sodass sie schneller ausgeführt werden können, da die Sichtwartung außerhalb, vor der sie referenzierenden Anfrage stattfindet.

Für alle drei Arten der verzögerten Wartung materialisierter Sichten ist die gemeinsame Wartung ähnlich definierter Sichten ein Aspekt zur effizienteren Wartungsplanung und -durchführung. Durch die gemeinsame Ausführung von mehreren Wartungsaufträgen können die Vorteile der Verwendung der in Kapitel 3.2.1 genannten MQO-Techniken ausgenutzt werden, um gemeinsame Teilausdrücke mehrerer Sichten zu berechnen.

Das Komprimieren von Wartungsaufträgen kann noch effizienter gestaltet werden indem redundanten Veränderungen eines Tupels bereits auf den Veränderungstabellen □R_i zusammengefasst werden [ZLE07]. So werden unnötig große Zwischenergebnisse bei der Berechnung von □V und der dadurch hervorgerufener, hoher Wartungsaufwand, im Sinne von langen Berechnungszeiten, vermieden. Dies kann beispielsweise bei der Wartung von Sichten, definiert auf mehreren Verbünden, mithilfe von Algorithmus 1 der Fall sein.

Eine andere Möglichkeit zur effizienteren und schneller Durchführung der verzögerten Aktualisierung einer Sicht V ist das Verhindern der Ausführung irrelevanter Wartungsvorgänge. Dafür kann die in Kapitel 4.1 vorgestellte Idee des Filterns irrelevanter Veränderungen benutzt werden, um zunächst zu überprüfen, ob die auszuführenden Wartungsaufträge auch die Sicht verändern werden. Ist dies nicht der Fall, müssen diese Wartungsvorgänge nicht durchgeführt werden. Im Fall der Nutzung einer trägen Wartungsstrategie ist es dadurch möglich, dass trotz Anfragenreferenz auf V keine Wartung notwendig wird. Zudem kann bei dieser Strategie getestet werden, ob der in einer Anfrage benutzte Sichtteil sich durch die auszuführenden Wartungsaufträge verändern wird, indem die zu aktualisierenden Datensätze von V mit den von der Anfrage benutzten Datensätzen verglichen werden [ZLE07]. Je nach Selektions- und Projektionsbedingung von Anfragen kann es vorkommen, dass die zu wartenden Tupel einer Sicht gar nicht benötigt werden, sodass die Menge zugehöriger Wartungsvorgänge an V später durchgeführt und die Anfrage damit schneller beantwortet werden kann.

5.5 Verwandte Literatur

Ein Verfahren zur verzögerten, periodischen oder erzwungenen Wartung materialisierter Sichten wurde bereits in [Li+86] vorgestellt. Zusammenfassend wird dabei jedem Tupel einer Basisrelationen R ein Zeitstempel (englisch: *timestamps*) hinzugefügt, welche den Zeitpunkt der letzten Änderung vermerken. Dieser, verglichen mit dem Zeitpunkt der letzten Wartung der auf R definierten, materialisierten Sicht V, ermöglicht die Feststellung der auf V zu übertragenden Veränderungen zu einem verzögerten Wartungszeitpunkt. Das in [Li+86] vorgestellte Verfahren ist jedoch auf Selektions- und Projektionssichten mit nur einer Basisrelation beschränkt. Die in der vorliegenden Arbeit vorgestellte Strategie zur verzögerten Wartung materialisierter Sichten ist auf Grundlage beliebiger Sichtdefinitionen möglich, sofern für sie ein inkrementeller Wartungsalgorithmus zur Berechnung von □V existiert.

Das in [ZLE07] vorgestellte Verfahren betrachtet nur den trägen Wartungszeitpunkt. Da es jedoch die Wartung einer Sicht zu jeder Zeit ermöglicht, ist es bei allen drei Arten der verzögerten Wartung anwendbar. In [ZLE07] werden zudem Ergebnisse experimenteller Anwendung der trägen Wartungsstrategie im Vergleich zur sofortigen Aktualisierung, bezüglich der Effizienz in den Bereichen der Wartungskosten, Gesamtressourcenverbrauch und Ausführungsgeschwindigkeit von (mehrfachen) Veränderungen und Anfragen, dargestellt. Da die vorliegende Arbeit die verzögerte Wartung im Allgemeinen vorstellen wollte, sei der interessierte Leser für eine spezifische Ausführung der trägen Wartungsstrategie auf [ZLE07] verwiesen.

Eine ganz andere Problemstellung, einhergehend mit der verzögerten Wartung materialisierter Sichten, wird in [Ka+97] behandelt - die Gleichzeitigkeitskontrolle (englisch: *concurrency control*). Die allgemeine Definition der Serialisierbarkeit von Transaktionen wird weiterentwickelt und an die Idee der verzögerten Wartung materialisierter Sichten angepasst, da gezeigt wird, dass ein striktes 2-Phasen-Lockprotokoll nicht ausreichend ist, um die verzögerte Wartung immer korrekt auszuführen.

5.6 Fazit & Offene Fragen

Eine verzögerte Wartungsstrategie ermöglicht eine schnelle Ausführung von Veränderungsoperationen und bietet eine effiziente Möglichkeit zur gemeinsamen Übertragung der Veränderungen auf materialisierte Sichten. Durch das Kombinieren von mehreren Wartungsaufträgen kann die Menge der Wartungsschritte auf V und damit die Wartungskosten reduziert werden. Entsteht jedoch ein zu großer Wartungsauftrag ist es möglich, dass sich diese Zusammenführung rückläufig auswirkt. Es ist dann möglich, dass eine Anfrage, welche V referenziert und deshalb den Wartungsvorgang angestoßen hat, sehr hohen Kosten für die Aktualisierung von V, in Form von langen Warte- und damit Ausführzeiten, tragen muss.

Indem die Wartung von Sichten nicht mit den verändernden Transaktionen angestoßen wird, tragen diese auch nicht die Wartungskosten, im Sinne verlängerter Ausführungszeiten. Im Idealfall findet die Sichtwartung in der Zeit freier Zyklen des Datenbanksystems statt, da ansonsten Anfragen, welche zu wartende Sichten referenzieren, die Wartungskosten tragen müssen. Dennoch bieten verzögerte, insbesondere die träge Wartungsstrategie einen Ansatzpunkt zur weiteren Verbesserung der inkrementelle Wartung materialisierter Sichten.

Das in diesem Kapitel vorgestellte, verzögerte Wartungsverfahren basiert auf der Annahme von Snapshot Isolation mit Tupelversionierung. Wie eine verzögerte Wartungsstrategie auch bei anderen Isolationsgraden umgesetzt werden kann, bleibt eine offene Fragestellung, welche zum Beispiel die Frage der Gleichzeitigkeitskontrolle, wie in [Ka+97] betrachtet, mit einschließt.

6 Kombinierbarkeit der Aspekte der Sichtwartung

Die in dieser Arbeit vorgestellten Verfahren und Zeitpunkte zur Wartung materialisierter Sichten stehen prinzipiell orthogonal zueinander, d.h. sie sind theoretisch beliebig kombinierbar. Die sechs Möglichkeiten dazu sind in Abbildung 13 zusammengefasst.

		Wartungsverfahren	
		Vollständig *(Complete)*	**Inkrementell** *(Incremental)*
Wartungszeitpunkt	**Sofort** *(Immediate)*	① V^N nach jeder Veränderungsoperation OP an R_i in T auf Grundlage der aktuellen, veränderten Zustände der R_i komplett neu berechnen	② Mit den, infolge einer Veränderungsoperation OP in T, erzeugten □R_i die Veränderungen □V berechnen und direkt nach OP auf V^A übertragen, um V^N zu erhalten
	Transaktions-basiert *(On Commit)*	③ V^N mit dem Ende der Transaktion (Commit-Zeitpunkt) auf Grundlage der aktuellen, veränderten Zustände der R_i komplett neu berechnen	④ □V mit mehreren OP in T erzeugten Veränderungen □R_i berechnen und mit dem Ende der Transaktion gemeinsam auf V^A übertragen, um V^N zu erhalten
	Verzögert *(Deferred)*	⑤ V^N zum Zeitpunkt t auf Grundlage der aktuellen, veränderten Zustände der R_i komplett neu berechnen	⑥ Die aus □R_i resultierenden Veränderungen □V mithilfe gesammelter Wartungsaufträge für V zum Zeitpunkt t auf V^A übertragen, um V^N zu berechnen

Abb. 13: Kombinationsmöglichkeiten der orthogonalen Aspekte der Sichtwartung

In [Le02] werden ②, ④ und ⑤ als üblicherweise genutzte Kombinationen markiert. Bei der Nutzung der sofortigen, inkrementellen Aktualisierung (②) wird jedoch die Möglichkeit der Effizienzsteigerung durch das Umgehen redundanter Veränderungen mit dem Bündeln von Wartungsaufträgen verschenkt, da jede Aktualisierungsoperation OP in einer Transaktion T eine Sichtwartung mit sich zieht. Eine transaktionsbasierte, inkrementelle Wartung (④) ermöglicht zwar diese Bündelung innerhalb einer Transaktion, sodass die Wartung effizienter ausgeführt werden kann, jedoch ist der Zugriff auf inkonsistente Sichtdatensätze möglich. Eine verzögerte, vollständige Sichtwartung (⑤) scheint bei großen Änderungen an Basisrelationen sinnvoll, um die Möglichkeit der Bündelung von Veränderungen zu nutzen aber zugleich einen möglicherweise erhöhten Berechnungsaufwand, infolge großer Veränderungsmengen, welche eine inkrementelle Wartung aufgrund der Berechnung und Übertragung großer Zwischenergebnisse verlangsamen würde, zu umgehen.

Die, laut [Le02], unübliche Nutzung von ① und ③ lässt sich damit erklären, dass bei einer sofortigen, kompletten Sichtwartung (①) mit jeder Veränderungsoperation OP in T bei einer großen Datenbasis enorm hohe Wartungskosten entstehen können. Der Grund ist, dass alle materialisierten Sichten, welche die mit OP veränderte Relation referenzieren, komplett neu berechnet werden müssen. Dadurch wird die Ausführung von verändernden Transaktionen im Falle vieler OP verlangsamt. Die transaktionsbasierte, vollständige Wartung (③) ermöglicht, wie ④, den Zugriff auf inkorrekte Datensätze und hat zudem die möglichen Nachteile einer kompletten Neuberechnung einer Sicht. Zumindest können alle Veränderungen, die innerhalb von T stattfinden, gemeinsam betrachtet werden. Auch die inkrementellen Wartung zu einem verzögerten Zeitpunkt t[27] (⑥) ist in [Le02] noch als unüblich markiert, hat aber, aufgrund kürzlich präsentierter, verbesserter Anwendbarkeit, Effizienzvorteile [ZLE07] gegenüber anderen Kombinationen, da hierbei die positiven Eigenschaften der inkrementellen Wartung um die der verzögerten Aktualisierung ergänzt werden können. Im Idealfall wird dies mit einer trägen Wartungsstrategie erzielt, bei der, im Falle der Sichtwartung während freien Zyklen des Datenbanksystems, weder lesende, noch verändernde Transaktionen die Wartungskosten tragen müssen.

Jede oben erklärte Kombinationsmöglichkeit zwischen Wartungsverfahren und Wartungszeitpunkt hat verschiedene Vor- und Nachteile. Zusammengefasst sind es Faktoren, wie die Größe der Datenbank, die Anzahl und Größe der Basisrelationen einer Sicht, die Komplexität der Sichtdefinition oder die Zugriffs- und Änderungshäufigkeit an den Relationen, welche die Effizienz und Anwendbarkeit der möglichen Kombinationen beeinflussen. Zudem schränken Benutzeransprüche an das Datenbanksystem und einzuhaltende Kostenmodelle die Auswahl der Sichtwartungsstrategie ein.

---

[27] Zu welchen Zeitpunkten t eine verzögerte Wartung stattfinden kann, ist in Kapitel 3.3.3 definiert.

7 Zusammenfassung

Das Ziel der Sichtwartung ist es, materialisierte Sichten, welche aufgrund von Veränderungen ihrer Basisrelationen inkonsistente Zustände widerspiegeln, auf einen konsistenten, nutzbaren Zustand zu aktualisieren. Wie und wann diese Aktualisierung stattfinden kann sind Fragestellungen des Sichtwartungsproblems. Die Sichtwartung schließt somit die beiden Aspekte Wartungsverfahren und -zeitpunkt ein. Danach kategorisiert, können Sichten komplett neu berechnet oder inkrementell aktualisiert werden und die Wartung sofort, transaktionsbasiert oder verzögert stattfinden.

Je nach Sichtdefinition existieren unterschiedliche, inkrementelle Wartungsverfahren. Die in dieser Arbeit vorgestellten Verfahren zur Wartung bei grundlegenden, einfacheren Sichtdefinitionen, wie SELECT, PROJECT, INNER JOIN oder OUTER JOIN, lassen sich kombinieren, um darauf aufbauen auch zusammengefügte Sichtdefinitionen, wie SPJ oder SPOJ, inkrementell zu aktualisieren. Diese Verfahren können jeweils noch effizienter angewandt werden, wenn alle für eine Sicht irrelevanten Veränderungen ihrer Basisrelationen vor der Sichtwartung aussortiert werden.

Damit verändernde Transaktionen nicht, zusätzlich zu den Wartungskosten infolge ihrer ausgeführten Veränderungen an Basisrelationen, noch die Sichtwartungskosten tragen müssen, können die erzeugten Sichtveränderungen verzögert auf den alten Sichtzustand übertragen werden. Dabei überzeugt die Idee einer trägen Wartungsstrategie am ehesten, da mit ihr das Lesen inkonsistenter Sichtzustände nicht erlaubt wird.

Wartungsverfahren und -zeitpunkt sind orthogonale Aspekte des Sichtwartungsproblems. Prinzipiell ist jede Kombination dieser beiden Ansätze möglich, wobei zugleich verschiedene Effizienzvorteile und -nachteile erzeugt werden. Das jeweilige Anwendungsszenario und die Benutzeransprüche entscheiden dabei, welche Sichtwartungsstrategie in der Praxis Anwendung finden soll. Auf Basis der in dieser Arbeit betrachteten Sichtdefinitionen und Veränderungsoperationen kann zusammenfassend die inkrementelle, träge Wartungsstrategie als effizienteste Variante hervorgehoben werden, besonders wenn dabei irrelevante und redundante Veränderungen von der Sichtwartung ausgeschlossen werden.

Literaturverzeichnis

[BLT86] Blakeley, J. A.; Larson, P.-Å.: Tompa, F.: *Efficiently Updating Materialized Views.* SIGMOD Conference 1986, Washington: 61-71.

[Bu+99] Busse, S.; Kutscher, R.-D.; Leser, U.; Weber, H.: *Federated Information Systems: Concepts, Terminology and Architectures.* Forschungsbericht 99-9 des Fachbereichs Informatik TU Berlin. 1999.

[CRF08] Cahill, M. J.; Röhm, U.; Fekete, A. D.: *Serializable isolation for snapshot databases.* SIGMOD Conference 2008, Vancouver: 729-738.

[EN06] Elmasri, R.; Navathe, S. B.: *Fundamentals of Database Systems.* Addison Wesley. Pearson International Edition. 5th Edition. 2006.

[Ga94] Galindo-Legaria, C. A.: *Outerjoins as Disjunctions.* SIGMOD Conference 1994, Minneapolis: 348-358.

[GK98] Griffin, T.; Kumar, B.: *Algebraic Change Propagation for Semijoin and Outerjoin Queries.* SIGMOD Record 27(3) 1998: 22-27.

[GM95] Gupta, A.; Mumick, I. S.: *Maintenance of Materialized Views: Problems, Techniques, and Applications.* IEEE Data Eng. Bull. 18(2) 1995: 3-18.

[GM06] Gupta, H.; Mumick, I. S.: *Incremental maintenance of aggregate and outerjoin expressions.* Inf. Syst. 31(6) 2006: 435-464.

[Ha05] Hanson, E.; Erickson, G.; Kollar, L.; Ward, J.: *Improving Performance with SQL Server 2005 Indexed Views.* 2005.
URL: http://www.microsoft.com/technet/prodtechnol/sql/2005/impprfiv.mspx
[last visited: 01.11.2008]

[Ho01] Dr. Lilian Hobbs: *Oracle9i & Materialized Views - An Oracle White Paper.* Oracle Corporation. 2001.

[IBM06] IBM Corporation: *DB2 Version 9 for Linux, UNIX, and Windows - SQL Reference Volume 2.* USA. 2006.

[Ka+97] Kawaguchi, A.; Lieuwen, D. F.; Mumick, I. S.; Quass, D.; Ross, K. A.: *Concurrency Control Theory for Deferred Materialized Views.* ICDT 1997, Delphi: 306-320.

[Le+01] Lehner, W.; Cochrane, R.; Pirahesh, H.; Zaharioudakis, M.: *fAST Refresh using Mass Query Optimization.* ICDE 2001, Heidelberg: 391-398.

[Le02] Lehner, W.: *Datenbanktechnologie für Data-Warehouse-Systeme.* dpunkt.verlag. Heidelberg. 2002.

[Li+86] Lindsay, B. G.; Haas, L.M.; Mohan, C.; Pirahesh, H.; Wilms, P. F.: *A Snapshot Differential Refresh Algorithm.* SIGMOD Conference 1986, Washington: 53-60.

[LS02] Lane, P.; Schupmann, V.: *Oracle9i Data Warehousing Guide.* Release 2 (9.2). Oracle Corporation. 2002.

[LZ07] Larson, P.-Å.; Zhou, J.: *Efficient Maintenance of Materialized Outer-Join Views.* ICDE 2007, Istanbul: 56-65.

[Me05] Melnyk, R.: *DB2 Basics: An introduction to materialized query tables.* DB2 Information Development, IBM Canada Ltd. 2005. URL:
http://www.ibm.com/developerworks/db2/library/techarticle/dm-0509melnyk/#author
[last visited: 06.11.2008]

[Mu95] Mumick, I. S.: The *Rejuvenation of Materialized Views.* CISMOD 1995, Bombay: 258-264.

[RG02] Ramakrishnan, R.; Gehrke, J.: *Database Management Systems.* Mcgraw-Hill Higher Education. 2nd Edition. 2002.

[RH80] Rosenkrantz, D. J.; Hunt III, H.B.: *Processing Conjunctive Predicates and Queries.* VLDB 1980, Cannes: 64-72.

[Ro+00] Roy, P.; Seshadri, S.; Sudarshan, S.; Bhobe, S.: *Efficient and Extensible Algorithms for Multi Query Optimization.* SIGMOD Conference 2000, Dallas: 249-260.

[Zh+95] Zhuge, Y.; Garcia-Molina, H.; Hammer, J.; Widom, J.: *View Maintenance in a Warehousing Environment.* SIGMOD Conference 1995, San Jose: 316-327.

[Zh+07] Zhou, J.; Larson, P.-Å.; Freytag, J.-C.; Lehner, W.: *Efficient exploitation of similar subexpressions for query processing.* SIGMOD Conference 2007, Peking: 533-544.

[ZGW97] Zhuge, Y.; Garcia-Molina, H.; Wiener, J. L.: *Multiple View Consistency for Data Warehousing.* ICDE 1997, Birmingham: 289-300.

[ZLE07] Zhou, J.; Larson, P.-Å.; Elmongui, H. G.: *Lazy Maintenance of Materialized Views.* VLDB 2007, Wien: 231-242.

[ZYY01] Zhang, C.; Yao, X.; Yang, J.: *An evolutionary approach to materialized views selection in a data warehouse environment.* IEEE Transactions on Systems, Man, and Cybernetics, Part C 31(3) 2001: 282-294.

Anhang

Die in [Ga94] präsentierten Gleichungen zur Überführung von OUTER JOIN Ausdrücken in verbund-disjunktive Normalform (mit R, S, T als Relationen), sind nachstehend gelistet. Dabei wird ein RIGHT OUTER JOIN wie in Gleichung (A1-4) notiert, behandelt. Zur Erinnerung: $R_i\downarrow$ entfernt alle subsumierten Tupel r_i aus R_i.

$$R \bowtie_J^{lo} S = (R \bowtie_J S) \oplus R, \text{ wenn } R = R\downarrow \text{ und } S = S\downarrow \tag{A1-1}$$

$$R \bowtie_J^{fo} S = (R \bowtie_J S) \oplus R \oplus S, \text{ wenn } R = R\downarrow \text{ und } S = S\downarrow \tag{A1-2}$$

$$(R \oplus S) \bowtie_J T = (R \bowtie_J T) \oplus (S \bowtie_J T), \text{ wenn } T = T\downarrow \tag{A1-3}$$

$$R \bowtie_J^{ro} S = S \bowtie_J^{lo} R \tag{A1-4}$$

www.ingramcontent.com/pod-product-compliance
Lightning Source LLC
LaVergne TN
LVHW042301060326
832902LV00009B/1176
* 9 7 8 3 6 5 6 1 7 5 6 3 6 *